セモリナ粉キッチンディライツ

あらゆる機会に適した、美味しくて簡単に作れる 100 のレシピでセモリナの多用途性を発見してください。

七夏 加藤

目次

目次   3

序章   8

基本のレシピ   9

1. 基本のセモリナ生地   10

2. 基本のセモリナ粉パスタ   12

朝食   14

3. トロピカルフルーツのゴールデンワッフル   15

4. セモリナ粉フォカッチャ   18

5. マシン・パン・ド・ミ   21

6. セモリナ粉カレーの朝食   23

7. セモリナ粉とカロムのパンケーキ   26

8. フレンチトーストカップケーキ   29

9. おいしいブルーベリーワッフル   32

10. バナナブルーベリーパンケーキ   34

11. レモン風味のブルーベリーワッフル   37

12. ブルーベリーレモンスコーン   39

13. ゆずドーナツ   42

14. ゆずスコーン   45

15. オレンジかぼちゃのパンケーキ   48

16. ゆずクレープ   51

17. BBQ ポークとコーンのクレープ   54

18. 黒ゴマ入りセモリナ粉パン   59

19. ストロベリーレモンセモリナショートケーキ   62

20. 黄金のセモリナ粉パン   65

前菜   68

21. セモリナ・ドークラ   69

22. キャシュチョコレートマフィン   72

23. キャロットマフィン   74

24. ラムレーズカップケーキ   77

25. ホットチョコレートカップケーキ   81

26. バナナクランブルマフィン   83

27. レモンココナッツマフィン   86

28. フレンチトーストカップケーキ   88

29. アイリッシュクリームバー   91

30. バナナスワールバー   94

31. 砂糖漬けバニラタフィースクエア   96

32. ブルーベリーピエロギ   99

33. ブルーベリークラムバー   102

34. セモリナ粉ボンボン   105

35. セモリナリンザークッキー   108

36. セモリナ粉ショートブレッドクッキー   112

37. フィニキア（セモリナ蜂蜜クッキー）   115

38. クミンシード入りセモリナ粉ドーサ   118

39. 野菜たっぷりセモリナ粉クラッカー   120

メインコース 123

40. ノンオイルカリカリローストポテト 124

41. 野菜入りセモリナ 126

42. インド風セモリナ粉ピザ 129

43. ふわふわフルーツサラダ 132

44. クリーミーフローズンフルーツサラダ 134

45. グロス・スッペ（セモリナ粉のスープ） 137

46. チーズチキンとブロッコリーのライスキャセロール 139

47. モロッコ風クスクス 142

パスタ 145

48. エビとペストのニョッケッティ 146

49. 赤ワインのフェットチーネとオリーブ 149

50. ニョッキ・ディ・セモリナ 151

51. アンチョビ、ニンニク、ローズマリーのセモリナ粉ニョッキ 154

52. セモリナ粉のリングイネ　シンプルマリナラソース添え 157

53. 自家製パスタ　チェリートマトソース 159

デザート 162

54. アップルファンタジーデザート 163

55. サフラ（セモリナ粉とナツメヤシのケーキ） 165

56. アプリコットとピスタチオのスフレ 168

57. 落ちたレモンスフレ 171

58. トレスレチェケーキ 174

59. スペインのチーズケーキ 177

60. 邪悪なダークチョコレートタルト 179

61. クリムチーズブラウニー 182

62. チョコレートヘーゼルナッツブラウニー 184

63. 焼かないアーモンドファッジ 187

64. レッドベルベットファッジプロテインバー 189

65. フロストモカブラウニー 191

66. アップルブラウニー 193

67. ピーナッツバターファッジバー 195

68. お気に入りのズッキーニブラウニー 198

69. モルトチョコレートブラウニー 200

70. 抹茶ファッジ 202

71. ジンジャーブレッドブラウニー 204

72. アニゼットクッキー 206

73. チョコチップクッキー 208

74. スイートグリーンクッキー 210

75. チョコレートチャンククッキー 212

76. チーズ前菜クッキー 215

77. アーモンドシュガークッキー 217

78. バタークリームフロスティングがシュガークッキー 219

79. アーモンドブリックルシュガークッキー 222

80. アーミッシュシュガークッキー 224

81. 基本のラードシュガークッキー 227

82. シナモンシュガークッキー 229

83. ひ割れたシュガークッキー 232

84. ピ力ンシュガークッキー 234

85. ブルーベリーバターミルクタルト 236

86. ブルーベリーコーンミールケーキ 239

87. ブルーベリーボーイの餌 242

88. ミックスベリーコブラー　シュガービスケット添え 244

89. ブラックベリークリームナッツタルト 247

90. オリエンタルセモリナケーキ 251

91. ナッツを詰めたセモリナ粉のペストリー、キプロス風 254

92. セモリナ粉カスタードのラムレーズンソース添え 257

93. セモリナ粉プリン 260

94. リンゴとキャラメルのセモリナ粉 262

95. 甘いセモリナケーキ　レモンシロップ添え) 264

96. セモリナ粉とミルクのデザート 267

97. ハルヴァ（セモリナ粉キャンディー） 269

98. セモリナ粉のブディノ　ベリーのコンポート添え 271

99. セモリナ粉サフランとピスタチオのヘルヴァ 274

100. ギリシャセモリナプリン 276

結論 **279**

序章

セモリナ粉料理の世界を巡るおいしい旅、セモリナ料理ブックへようこそ。この料理本では、この愛される食材の多用途性を紹介する 100 の食欲をそそるレシピを紹介します。クリーミーなポレンタからボリュームたっぷりのクスクスまで、セモリナ粉は世界中の多くの料理に欠かせません。イタリアのパスタ料理のファンでも、モロッコのタジン料理のファンでも、あなたの欲求を満たすレシピがきっと見つかります。

このクックブックの各レシピにはフルカラーの写真が付いているので、自分の料理がどのようなものになるかを正確に確認できます。セモリナ粉を使った料理に役立つヒントやコツ、各料理と完璧なワインの組み合わせの提案も見つかります。

では、なぜ待つのでしょうか？セモリナ粉を袋に入れて、料理を始めましょう！

基本のレシピ

1. 基本のモナカ生地

材料

- 中力粉 2 1/2 カップ、さらに打ち粉用に追加
- セモリナ粉 1 3/4 カップ
- 水 1 1/4 カップ

手順

a) パドルアタッチメントを取り付けたスタンディングミキサーのボウルに小麦粉、セモリナ粉、水を入れて混ぜ、生地がまとまるまで低速で混ぜます。

b) ミキサーの電源を切り、パドルアタッチメントを取り外し、生地フックと交換します。ボウルの側面をこすり落とし、中速で生地フックを使って生地をボール状になるまで約 5 分間叩きます。平らな作業台に小麦粉をまぶします。

c) 生地を打ち粉をした表面に出し、ボールが弾力を感じ始め、生地の表面が滑らかで絹のように感じるまで、20〜25 分間ゆっくりとこねます。

d) 生地をラップで包み、冷蔵庫で少なくとも 45 分間、最大で一晩休ませてから、シートに包みます。

2. 基本のセモリナ粉パスタ

分量: 1 人分

材料：
- デュラムセモリナ　1 カップ
- 卵 1 個
- 植物油　大さじ 1
- 水　大さじ 1

手順

a) フードプロセッサーで処理するか、手でこねます。

朝食

3. ゴールデンワッフルとトロピカルフルーツ

作り方：ワッフルを 4 枚作ります

材料

デーツバター

● 無塩バター 1 スティック（室温）

● 粗く刻んだ種抜きデーツ 1 カップ

ワッフル

● 中力粉 1 1/2 カップ

● 粗挽きセモリナ粉 1 カップ

● グラニュー糖 1/4 カップ

● ベーキングパウダー 小さじ 2 1/2

● 重曹 小さじ 1/2

● 粗塩 小さじ 3/4

● 全乳 1 3/4 カップ（室温）

● サワークリーム 1/3 カップ（室温）

● 溶かした無塩バター 1 本

● 大きめの卵 2 個（室温）

● 純粋なバニラエキス 小さじ 1

● 植物油クッキングスプレー

● スライスしたキウイフルーツと柑橘類、刻んだピスタチオ、純粋なメープルシロップ（盛り付け用）

手順

a) デーツバター：バターとデーツをフードプロセッサーに入れ、滑らかになって混ざり合うまで側面を数回こすり落とします。デーツバターは 1 週間

前までに作って冷蔵庫で保存できます。使用する前に室温に戻してください。

b) ワッフル：小麦粉、砂糖、ベーキングパウダー、重曹、塩を大きなボウルに入れて混ぜ合わせます。別のボウルに牛乳、サワークリーム、バター、卵、バニラを入れて混ぜ合わせます。牛乳混合物を小麦粉混合物に泡立てて混ぜるだけです。

c) ワッフルアイロンを予熱します。クッキングスプレーを薄く塗ります。ワッフル 1 枚につき 1 1/4 カップの生地を鉄の中心に注ぎ、ほぼ端まで広げます。蓋を閉めて、きつね色になりカリカリになるまで 6〜7 分間調理します。アイロンから外し、手で素早く数回混ぜて蒸気を放出し、サクサク感を保ちます。その後、縁付きのベーキングシートにセットされたワイヤーラックに移します。食べる準備ができるまで 225 度のオーブンで温めてください。バッチごとにさらにクッキングスプレーで鉄のコーティングを繰り返します。デーツバター、フルーツ、ピスタチオ、シロップを添えてお召し上がりください。

4. セモリナ粉フォカッチャ

材料：

- 16 オンスの中力粉
- セモリナ粉（デュラム小麦粉） 4 オンス
- ドライイースト 1 パック
- 砂糖 小さじ 2
- 塩 小さじ 2
- 温水 2 カップ (105 〜 110°F)
- エクストラバージンオリーブオイル 1/2 カップ

トッピング

- 14 オンスのトマト缶 1 個
- 乾燥オレガノ 小さじ 2〜3
- ケッパー 大さじ 2
- グリーンオリーブまたはブラックオリーブ 1/2 個 （オプションですが強くお勧めします）

手順：

a) オーブンを 400°F に予熱します

b) 大きなボウルに小麦粉、イースト、砂糖、塩を入れ、よく混ぜます。水をゆっくりと加え、ダマをほぐしながら手で混ぜ始めます。生地が滑らかになったら（ほとんど水っぽくなっているはずです）、タオルで覆い（部屋が涼しい場合は暖かい毛布も）、暖かい場所で 1 時間半発酵させます。生地の大きさが 2 倍になり、発酵の終わりには泡が出るはずです。より厚いフォカッチャが必要な場合は、生地をさらに 30 時間発酵させます。

c) 9 インチのグラタン皿を 3 枚、または 17×13 インチのクッキングシートを 1 枚用意します。オリーブオイルを鍋の底と側面に広げ、乾燥した斑点を残さないようにします。

d) フォカッチャ生地をスプーンで型に入れ、均等に広げます。生地の表面にトマト缶を広げ、オレガノとケッパー（お好みでオリーブも）を振りかけます。海塩をふりかけ、オリーブオイルを少し垂らします。

e) 予熱したオーブンで 45 分間焼きます。

f) 生産数: 12–16。

5. マシン パン ド ミー

出来上がり量: 12 人分

材料：

- 小麦粉　2 カップ
- イースト　小さじ 1 と 1/2。多かれ少なかれ
- セモリナ粉　1/2 カップ
- 砂糖　大さじ 1 と 1/2
- 塩　小さじ 1
- インスタント脱脂粉乳ソリ　1/3　カップ
- 無塩バター　大さじ 1
- 1 カップから水大さじ 2 を引いたもの

手順：

a) すべての材料をパン型に入れ、標準のパン設定で処理します。

b) パンを型から取り出し、ラックの上で冷まします。

c) ビニール袋やホイルに包んで保管してください。

6. セモリナ粉カレーの朝食

生産数:4

材料：

- ローストした濃厚なセモリナ粉　1 カップ
- ギーまたはオイル　大さじ 2
- 青唐辛子みじん切り 1 本
- 玉ねぎのみじん切り　1 カップ
- 生姜　大さじ 1/2
- にんじんすりおろし　2 本
- グリーンピース　1/2 カップ
- 塩　小さじ 1
- 砂糖　小さじ 1
- ローストしたカシューナッツ　1/4 カップ
- 電子レンジで温めた水　3 カップ
- レモン汁　大さじ 1（霧雨程度）
- 飾りにコリアンダー

テンパリング用

- カレーリーフ　8 枚
- マスタードシード　小さじ 1
- ブラックグラムレンズ豆　小さじ 1
- ひよこ豆割り　小さじ 1

手順：

a) SAUTE 設定を使用してインスタントポットを予熱します。

b) オイルとテンパリングの材料をすべてミキシングボウルに入れて混ぜます。

c) マスタードシードがはじけたら、青唐辛子、玉ねぎ、生姜を加えます。

d) 絶えずかき混ぜながら 2 分間炒めます。

e) 大きなミキシングボウルに、ニンジン、エンドウ豆、塩、砂糖、カシューナッツを混ぜ合わせます。すべてをよくかき混ぜます。

f) トーストしたセモリナ粉と水を加えます。

g) すべてを一緒にかき混ぜ、底に付着しているアサフェティダをこすり落とします。

h) 通気孔を閉じた状態で蓋を密閉します。

i) 手動または圧力調理モードでタイマーを 2 分に設定します。

j) インスタントポットのビープ音が鳴ったらすぐに圧力を解放します。

k) ポットのステンレス製インサートを取り外します。

l) レモン汁を加えて混ぜ合わせます。

m) 飾りとしてコリアンダーを加えます。

7. セモリナ粉とカロムのパンケーキ

製造数: 4

材料

● 粗セモリナ粉またはプレーン小麦クリーム　1 カップ

● プレーンヨーグルト　1 カップ

● 塩（適量）

● 必要に応じて室温の水

● ベーキングパウダー　小さじ 1/4

● カロムシード　小さじ 1/4

● 小さな赤玉ねぎ　1/4 個（皮をむき、細かく刻む）

● 小さな赤ピーマン、種を取り、細かく刻む

● 種を取り、細かく刻んだ小さなトマト　1/2 個

● 植物油　大さじ

手順

a) 中型のミキシングボウルにセモリナ粉、ヨーグルト、塩を入れて混ぜます。よく混ぜます。1/4〜1/2 カップの水を加えてパンケーキ生地の粘稠度にし、生地にダマが残らないようにします。ベーキングパウダーを加えます。約 20 分間放置します。

b) 別のボウルでトッピングを作ります。カロムシード、玉ねぎ、ピーマン、トマトを混ぜます。グリルを中弱火で加熱します。オイルを数滴加えます。約 1/4 カップの生地をお玉で鉄板の中央に置きます。通常のパンケーキと同じくらいの厚みがあれば大丈夫です。生地が調理され始めると、表面に泡が現れ始めます。

c) パンケーキがまだ湿っている間に、少量のトッピングを加えます。お玉の背で軽く押し下げます。パンケーキがくっつかないように、パンケーキの側面に油を数滴垂らします。

d) パンケーキをひっくり返し、反対側も 2 分ほど焼きます。パンケーキを火から下ろし、皿に置きます。温かいうちにお召し上がりください。

8. フレンチトーストカップケーキ

生産数: 12

材料：

トッピング

- セモリナ粉 1/4 カップ
- 砂糖 1/4 カップ
- 無塩バター 大さじ 2 と 1/2、1/2 インチの大きさに切る
- 挽いたシナモン 小さじ 1/2
- 刻んだピーカンナッツ 1/4 カップ

カップケーキ

- セモリナ粉 1 と 1/2 カップ
- 砂糖 1 カップ
- ベーキングパウダー 小さじ 1 と 1/2
- 粉末シナモン 小さじ 1
- オールスパイス 小さじ 1/2
- おろしたてのナツメグ 小さじ 1/4
- 塩 小さじ 1/2
- バター 1/2 カップ少し柔らかくした
- サワークリーム 1/2 カップ
- 大きな卵 2 個
- メープルエキス 小さじ 1/2
- ベーコン 4 枚

手順

a)　まず、トッピングを準備する必要があります。中くらいのボウルに砂糖、小麦粉、シナモン、クルミ、バターを入れて混ぜます。

b)　指を使って、小さなエンドウ豆より大きい部分がなくなるまでバターを混ぜます。使用する準備ができるまでカバーをして冷蔵庫で保管します。

c)　カップケーキを準備します。ストーブを 350°F に予熱します。12 カップのビスケット缶に紙ライナーを敷きます。巨大なボウルに小麦粉、砂糖、下ごしらえパウダー、シナモン、オールスパイス、ナツメグ、塩を入れて混ぜ合わせます。安全な場所に置いてください。

d)　大きなボウルに電動ブレンダーを入れ、バター、クリーム、卵、メープルシロップを中速でよく混ぜ合わせます。

e)　ブレンダーの速度を低速にして、小麦粉をブレンドします。単純に固まるまで混ぜます。ビスケット型の各ウェルを 2/3 まで満たし、約 20 〜 25 分間、またはカップケーキの焦点につまようじを差し込んだ時点で真実がわかるまで焼きます。

f)　カップケーキを加熱している間に、ベーコンを好みの焼き加減で焼きます。ペーパータオルに移して余分な油を落とし、冷まします。カップケーキは型に入れたまま約 15 分間冷やしておく必要があります。この時点で、ワイヤーラックに移動して完全に冷まします。

g)　ベーコンを 12 等分に切り、各マフィンの上部にベーコンを 1 枚ずつ押し込みます。

h)　マフィンを冷凍庫で保存する場合は、しっかりと密閉し、ベーコンを省けば最大 3 か月保存できます。オーブントースターで温め直せばさらに美味しくいただけます。

9. おいしいブルーベリーワッフル

作る量：ワッフル 4 枚

材料：
- 卵 2 個
- セモリナ粉 2 カップ
- 牛乳 1¾カップ
- 油 1/2 カップ
- 砂糖 大さじ 1
- ベーキングパウダー 小さじ 4
- 塩 小さじ 1/4
- バニラエッセンス 小さじ 1/2
- ブルーベリー 1 と 1/2 カップ

手順：
a) 大きなボウルに卵を入れ、電動ミキサーでふわふわになるまで中速で泡立てます。

b) ベリー以外の残りの材料を加えます。滑らかになるまで叩きます。

c) ワッフルアイロンにノンスティック野菜スプレーをスプレーします。予熱したワッフルアイロンに生地を 1/2 カップほど注ぎます。好みの量のベリーを生地の上に散らします。

d) メーカーの指示に従い、きつね色になるまで焼きます。

e) オーバーナイトアップルフレンチトースト

10.　バナナブルーベリーパンケーキ

出来上がり量：4 人分

材料：

- 熟したバナナ 1 本（潰す）
- 豆乳 2 カップ
- ビーガンマーガリン 大さじ 2（溶かしたもの）
- 純粋なバニラエキス 小さじ 1
- セモリナ粉 11/2 カップ
- クイッククッキングオーツ 1/2 カップ
- 砂糖 大さじ 2
- ベーキングパウダー 小さじ 0.5
- 粉末シナモン 小さじ 1
- オールスパイス 小さじ 1/2
- ナツメグ粉末 小さじ 1/2
- 塩 小さじ 1/2
- 新鮮なブルーベリー 1 カップ
- キャノーラ油またはグレープシード油（揚げ物用）

手順：

a) 大きなボウルにバナナ、豆乳、溶かしたマーガリン、バニラを入れてよく混ぜます。脇に置いておきましょう。

b) 別の大きなボウルに小麦粉、オーツ麦、砂糖、ベーキングパウダー、シナモン、オールスパイス、ナツメグ、塩を入れて混ぜます。濡れた材料を乾いた材料に加え、数回素早くストロークしてブレンドします。ブルーベリーを折り込みます。オーブンを 225°F に予熱します。

c) グリドルまたは大きなフライパンで、油の薄い層を中強火で加熱します。キャップ 1/4 カップから 1/3 カップの生地を熱い鉄板の上に置きます。小さな泡が上に現れるまで約 3 分間調理します。

d) パンケーキをひっくり返し、裏面がきつね色になるまで約 2〜3 分間焼きます。

e) 焼きあがったパンケーキを耐熱皿に移し、オーブンで温めながら残りを焼きます。

11. レモン風味のブルーベリーワッフル

出来上がり量：4 人分

材料：

● セモリナ粉 11/2 カップ

● オールドファッションオーツ 1/2 カップ

● 砂糖 1/4 カップ

● ティースプーンベーキングパウダー

● 塩 小さじ 1/2

● 粉末シナモン 小さじ 1

● 豆乳 2 カップ

● 新鮮なレモン汁 大さじ 1

● レモンの皮 小さじ 1

● 溶かしたビーガンマーガリン 1/4 カップ

● 新鮮なブルーベリー 1/2 カップ

手順：

a) ワッフルアイロンに軽く油を塗り、予熱します。オーブンを 225°F に予熱します。

b) 大きなボウルに小麦粉、オーツ麦、砂糖、ベーキングパウダー、塩、シナモンを入れて混ぜます。脇に置いておきましょう。

c) 別の大きなボウルに豆乳、レモン汁、レモンの皮、マーガリンを入れて混ぜ合わせます。湿った材料を乾いた材料に加え、素早く数回ストロークして、ちょうど結合するまで混ぜます。ブルーベリーを折り込みます。

d) お玉 1/2〜1 カップの生地（ワッフルアイロンの説明書による）を熱いワッフルアイロンの上に乗せます。完了するまで調理します。ほとんどのワッフルアイロンでは 3 〜 5 分です。焼きあがったワッフルを耐熱皿に移し、残りを焼きながらオーブンで温めます。

12. ブルーベリーレモンスコーン

製造数: 6

材料：

- セモリナ粉 2 カップ
- ベーキングパウダー 大さじ 1
- 砂糖 小さじ 2
- コーシャーソルト 小さじ 1
- 精製ココナッツオイル 2 オンス
- 新鮮なブルーベリー 1 カップ
- レモンの皮 1/4 オンス
- 8 オンスのココナッツミルク

手順：

a) ココナッツオイルと塩、砂糖、ベーキングパウダー、小麦粉をフードプロセッサーで混ぜます。

b) この小麦粉混合物をミキシングボウルに移します。

c) 次にココナッツミルクとレモンの皮を小麦粉混合物に加え、よく混ぜます。

d) ブルーベリーを加え、準備した生地を滑らかになるまでよく混ぜます。

e) このブルーベリー生地を 7 インチの円形に広げ、鍋に置きます。

f) ブルーベリー生地を冷蔵庫で 15 分間冷やし、6 等分にスライスします。

g) シアープレートにクッキングシートを重ねます。

h) ブルーベリーウェッジを裏打ちされたシアプレートに置きます。

i) スコーンをエアフライヤーオーブンに移し、ドアを閉めます。

j) ダイヤルを回して「Bake」モードを選択します。

k) TIME/SLICES ボタンを押して、値を 25 分に変更します。

l) TEMP/SHADE ボタンを押して、値を 400 °F に変更します。

m) スタート/ストップを押して調理を開始します。

n) 新鮮なままお召し上がりください。

13. ゆずドーナツ

作る量：ドーナツ 12 個

材料：
ドーナツ:
- 牛乳 1/2 カップ
- 温水 1/4 カップ
- 活性ドライイースト 小さじ 2 と 1/2
- 3 1/2 カップ ＋ セモリナ粉 大さじ 2
- 砂糖 1 1/2 カップ
- 塩 小さじ 1 と 1/2
- 卵 3 個
- 柔らかくしたバター 大さじ 8
- 揚げ油

ゆずカード：
- 卵黄 6 個
- 砂糖 1 カップ
- ゆずジュース 1/2 カップ
- バター 1 本（みじん切り）

ゆずシュガー：
- 砂糖 1/2 カップ
- ゆず 4 個またはライムまたはレモン 2 個のすりおろした皮

手順：
ドーナツ:

a)　ミキサーのボウルにイースト、牛乳、温水を入れて混ぜ、数分間放置します。小麦粉、砂糖、塩、卵を加え、生地がまとまるまで生地フッ

クを使って中低速で約 5 分間混ぜます。バターを一度に大さじ 1 杯加え、生地が滑らかでつやが出るまでさらに 5 分間混ぜ続けます。生地をラップして一晩冷蔵庫で寝かせます。

b)　生地を約 1/2 インチの厚さに伸ばします。3 インチの丸いクッキーカッターを使用して、12 〜 14 個の輪切りにします。小麦粉をまぶした天板に並べ、ラップで覆い、暖かい場所で 2 時間半〜3 時間発酵させます。

c)　油を 350'F に加熱します。熱した油でドーナツを片面 2〜3 分ずつ揚げます。ドーナツをペーパータオルを敷いたベーキングトレイに移します。2〜3 分待って柚子砂糖をまぶします。いいね。

d)　ドーナツの側面に箸で穴を掘り、中に柚子カードを絞ります。その日のうちに食べた方が良いです。

ゆずカード：

a)　中型の鍋に約 1 カップの水を加えます。沸騰させます。中型の金属ボウルに卵黄と砂糖を入れて約 1 分間泡立てます。卵混合物にジュースを加え、滑らかになるまで泡立てます。ボウルを鍋の上に置きます。約 8 分間、濃くなるまで、または混合物が薄黄色になりスプーンの裏を覆うまで泡立てます。火から下ろし、バターを少しずつ混ぜます。火から下ろし、カードの表面に直接ラップを重ねて覆います。冷蔵してください。

b)　ゆず糖：

c)　香りが立つまで、砂糖と柑橘類の皮を指先でこすり合わせます。

14.　ゆずスコーン

材料：

スコーン

- セモリナ粉　1 1/3 カップ
- 有機砂糖　1/4 カップ
- 塩　小さじ 1/4
- ベーキングパウダー　大さじ 1/2
- 冷たいバター　1/4 カップ
- 1 つの大きい卵
- ゆず果汁　小さじ 1
- フレンチバニラ　ハーフ＆ハーフ　1/4〜1/2 カップ

釉薬

- 粉砂糖　1/2 カップ
- ゆず果汁　大さじ 2 と 1/2
- フレンチバニラ　ハーフ＆ハーフ　大さじ 1/2

手順

a) 小麦粉、砂糖、塩、ベーキングパウダーを合わせて泡立てます。

b) ペストリーカッターで泡立てた材料に冷たいバターを加えます。

c) 別のボウルに卵を軽く溶きほぐします。ゆず果汁と半々を加えて混ぜます。

d) 液体を乾燥した材料にゆっくりと加えます。もろい部分がすべて湿るまで、液体を注ぎ、かき混ぜます。目標は、まとまった 1 つの生地のボールを作ることです。

e) クッキングシートの上にクッキングシートを置きます。生地と紙に小麦粉をまぶします。用意しておいたクッキングシートの上に生地を滑らせます。生地を 6 つの山に分割します。

f) それぞれの小山に半分と半分、またはゆずを少しずつ塗ります。きび砂糖をふりかけます。

g) 鍋を冷凍庫に 30 分間入れます。スコーンを 425 度で 22〜23 分間焼きます。5〜10 分間冷ましてから、ゆず釉をかけます。グレーズの作り方：ゆずと粉砂糖を半々ずつ混ぜ合わせます。

15.　オレンジかぼちゃのパンケーキ

出来上がり量：4 人分

材料：

- 亜麻粉粉　10 g
- 水　45ml
- 無糖豆乳　235ml
- ゆずジュース　15ml
- そば粉　60g
- セモリナ粉　60g
- ベーキングパウダー　8g、アルミニウムフリー
- 細かくすりおろしたオレンジの皮　小さじ 2
- ホワイトチアシード　25g
- 有機かぼちゃピューレ　120g
- 溶かして冷やしたココナッツオイル　30ml
- バニラペースト　5ml
- ピュアメープルシロップ　30ml

手順：

a)　小さなボウルに亜麻粉粉と水を入れて混ぜます。10分間放置します。中くらいのボウルにアーモンドミルクとリンゴ酢を入れて混ぜます。5分間放置します。

b)　別の大きなボウルに、そば粉、セモリナ粉、ベーキングパウダー、オレンジの皮、チアシードを入れて混ぜます。

c)　アーモンドミルク、カボチャのピューレ、ココナッツオイル、バニラ、メープルシロップを注ぎます。

d)　滑らかな生地になるまで一緒に泡立てます。

e)　大きなテフロン加工のフライパンを中火〜強火で加熱します。フライパンにココナッツオイルを軽く塗ります。

f)　フライパンに生地60mlを注ぎます。パンケーキを1分間、または表面に泡が現れるまで焼きます。

g)　パンケーキをスパチュラで軽く持ち上げてひっくり返します。

h)　さらに1分半調理します。パンケーキをお皿にスライドさせます。残りの生地で繰り返します。

16. ゆずクレープ

出来上がり量: 6 人分

材料：

- 1 つの大きい卵
- 牛乳　1/2 カップ
- セモリナ粉　1/4 カップ
- 砂糖　小さじ 1
- ゆずの皮のすりおろし　小さじ 1
- 塩　ひとつまみ
- フライパン用のバターまたは油

ゆずソース:

- 水　2 カップ
- 砂糖　1 カップ
- ゆず　2 個（紙を薄くスライスし、種を取り除いたもの）

クリームフィリング:

- 冷たい生クリーム　1 カップ
- 砂糖　小さじ 2
- バニラエッセンス　小さじ 1

手順：

クレープ生地:

a) 中くらいのミキシングボウルで卵と牛乳を軽く混ぜ合わせます。

b) 小麦粉、砂糖、ゆずの皮、塩を加え、滑らかになるまで泡立てます。

c) 蓋をして少なくとも 2 時間または一晩冷蔵庫で冷やします。

ゆずソース:

a) 重い中鍋に水と砂糖を入れて砂糖が溶けるまで加熱します。

b) ゆずのスライスを加えて 30 分煮ます。室温まで冷却します。

クレープを作ります:

a) 6 インチのテフロン加工のフライパン上のクレープパンにバターまたは油を薄く塗ります。

b) 鍋を中強火で加熱します。

c) クレープ生地大さじ 2 を注ぎ、フライパンを素早く傾けて生地を均一に広げます。

d) 底が黄金色になり、端が鍋の側面から離れるまで、約 3 分間調理します。

e) クレープを裏返し、裏面を 1 分ほど焼きます。

f) 皿の上で冷まし、残りの生地で繰り返し、全部で 8 枚のクレープを作ります。

g) 食べる直前にクリームフィリングを作ります。クリーム、砂糖、バニラをミキサーボウルで堅い角が立つまで混ぜます。

h) クレープを 2 枚、金色の面を下にして各デザートプレートに置きます。

i) 各クレープにクリームフィリングをスプーンですくって巻き、端を折り込み、縫い目を下にして皿に置きます。

j) 1 食分につき 1/4 カップのゆずソースを注ぎ、一度にお召し上がりください。

17. BBQ ポークとコーンのクレープ

出来上がり量：8 人分

材料：

- トウモロコシ粉 1/4 カップ
- セモリナ粉 1/4 カップ
- 砂糖 小さじ 2
- コーシャーソルト 小さじ 1/4
- 卵 1 個
- 牛乳 3/4 カップ
- 溶かした無塩バター 大さじ 2
- みじん切りにしたチャイブ 大さじ 2
- バーベキューソース 2 カップ
- 調理済み豚肉の細切り 4 カップ
- 白玉ねぎみじん切り 1/2 カップ
- ライムジュース 大さじ 2（お好みで）
- トマト中 1 個
- 中くらいの熟したアボカド 2 個
- セラーノ唐辛子 1 本（細かく刻む）
- みじん切りコリアンダー 大さじ 2
- コーシャーソルト（適量）
- チリソース 3/4 カップ
- 糖蜜 1/3 カップ
- 醤油 大さじ 3
- ディジョンマスタード 大さじ 1
- にんにく 1 片（みじん切り）

- ゆず果汁　大さじ 3
- チキンストック　1/3 カップ
- 水　1/4 カップ
- タバスコソース　小さじ 1
- コーシャーソルト　小さじ 1
- ウスターソース　小さじ 2
- チリフレーク　小さじ 1/4
- アナハイムチリ　1/2 個（種を取り、1 インチの大きさに切る）
- アドボソースのチポトレチリ　1/2

手順：

a) 中程度の混合ボウルに乾燥した材料を一緒にふるいにかけます。別のボウルに卵、牛乳、溶かしバターを入れて混ぜます。

b) 乾いた材料を入れてくぼみを作り、卵混合物を少しずつ加えて混ぜます。

c) チャイブを加えてかき混ぜます。

d) 使用する前に生地を 30 分間休ませてください。

e) よく味付けしたクレープパンを中火で煙が出るまで加熱します。

f) 軽くバターを塗り、薄い 5 インチのクレープを作るのに十分な量の生地を大さじ 2 杯ほど注ぎ、パンを傾けて生地を均等に分散させます。

g) 片面だけを焼き、きつね色になるまで焼きます。

h) クレープを型から取り出し、残りの生地を続けて、温かいクレープをお皿に重ねます。

i) 中鍋にバーベキューソースを入れて温め、細切りにした豚肉を加えます。

j) 豚肉にソースが均一に絡むようにかき混ぜます。肉にしっかり火が通るように数分間ゆっくり煮ます。クレープを折り畳むか、フィリングの周りに巻き付けます。

k) 残ったバーベキューソースをかけて、アボカドサルサを添えて盛り付けます。

アボカドサルサ

a) 中くらいの大きさのボウルに、みじん切りにした白玉ねぎとライムジュース大さじ 2 を入れて混ぜます。

b) トマトとアボカドの準備をしている間に置いておきます。

c) トマトの芯を取り、1/4 インチのサイコロ状に切ります。アボカドを半分に切り、種を取り除き、果肉をくり抜きます。

d) 肉を 1/2 インチのサイコロ状に切ります。トマト、アボカド、刻んだ唐辛子、コリアンダーを玉ねぎの混合物に加えます。

e) 味をみて、必要に応じて塩、ライムジュース、または刻んだ唐辛子を加えます。ラップでしっかりと覆い、サルサを食べる前に約 30 分放置します。

バーベキューソース

a) 厚手の鍋にすべての材料を入れて混ぜ、強火で沸騰させます。

b) 火を弱め、15〜20 分間煮ます。

c) 火から下ろし、目の細かいこし器にかける。

d) すぐに使用しない場合は冷蔵してください。ソースは冷蔵庫で 4 日間保存可能です。

18. 黒ゴマ入りセモリナ粉パン

分量: 1 人分

材料：

- 活性ドライイースト 小さじ 1
- 水 1⅛カップ -- 105〜115 度
- 基本のパンスポンジ 1 1/4 カップ
- デュラム小麦粉 3 1/2 カップ
- デュラム小麦粉 1/3 カップ -- こね用
- イエローコーンミール 1/3 カップ
- 黒ごま 1/4 カップ
- コーシャーソルト 小さじ 4
- コーンミール -- ふりかけ用

手順

a) 黒ごまは健康食品店や日本の市場で入手できる場合があります。

b) ボウルにイーストを入れて水に溶かします。3 分間校正を続けます。

c) スポンジを水の中でかき混ぜ、手またはスプーンを使ってスポンジを崩します。

d) デュラム小麦粉 3 と 1/2 カップ、コーンミール、ゴマ大さじ 2、塩を加え、生地が一つの塊になるまでこすり落としたり折りたたんだりして混ぜます。

e) 軽く小麦粉をまぶした台に生地を出し、滑らかで弾力性があるまで生地をこね、必要に応じて 1/3 カップのデュラムを徐々に加えます（ただし、できるだけ少量で）。

f) ボールの形を作り、軽く油を塗ったボウルに生地を置き、ラップで覆い、一晩冷蔵庫で冷やします。

g) 冷蔵庫から生地を取り出したら、隙間風のない場所で 2 時間ほど放置します。側面のないベーキングシートにコーンミールをたっぷりとふりかけます。

h) 作業台に小麦粉をまく。生地を半分にし、それぞれの半分を 10×12 インチの長方形にゆっくりと平らにします。それぞれの長方形を 10 インチの辺に沿ってしっかりと丸め、12 インチの円柱を 2 つ作ります。中心から端に向かって巻いて 20 インチのロープを作ります。ロープを一方の端から巻き、中央の結び目を引き上げます。コイルをベーキングシートの上に置きます。

i) 植物噴霧器を使用してパンに軽く霧をかけます。各コイルに沿って大さじ 1 杯の種子をスプーンで入れます。ラップで覆い、隙間風のない場所で二重にします。これには 1 〜 2 時間かかります。

j) 中央のラックにベーキングストーンまたはタイルを置き、オーブンを少なくとも 30 分間予熱します。底部の棚にまともな側面を備えたベーキングパンを置きます。2 カップの水を沸騰させます。沸騰したお湯を天板に注ぎます。素早くパンをシートから石の上に滑らせます。

k) 底をたたくとパンの中身が空洞になるまで 25 分間焼きます。終わったらラックの上で冷まします。

19. ストロベリーレモンセモリナショートケーキ

出来上がり量：6 人分

材料：
ケーキ
- バター 5/8 カップ -; (5 オンス)
- 7 オンスの砂糖 -; (15/16 カップ)
- 大きめの卵 2 個
- バニラエッセンス 小さじ 1
- レモン 1 個。熱意のある
- 薄力粉 1 カップ; ふるいにかけた
- ファインセモリナ粉 1/3 カップ
- 上質コーンミール 1/3 カップ
- 塩 小さじ 1/4
- 重曹 小さじ 2
- サワークリーム 1/2 カップ

レモングレーズ
- レモン汁 1 カップ
- 水 1/2 カップ
- 砂糖 1 カップ

ストロベリー＆クリーム
- イチゴ 2 パイント; きれいに洗って 1/4 にスライス
- ミントシフォナード 1/4 カップ; プラス 8 つの小さな小枝
- または飾り用の葉
- レモングレーズ 1/4 カップ; 上から
- ヘビークリーム 1/2 カップ; ホイップされた硬いピーク

手順

a) パドル付きミキサーを使用して、バター、砂糖、卵を滑らかになるまでクリーム状に混ぜます。バニラとゼストを加えて混ぜます。

b) 小麦粉、塩、重曹を混ぜ合わせ、サワークリームと交互にパドルを使ってゆっくりと混ぜ合わせます。滑らかになるまで混ぜますが、混ぜすぎないでください。

c) 8（4オンス）のラメキンをスプレーし、生地を半分まで詰めます。

d) テスターがきれいになるまで、350度のオーブンで15分間焼きます。ケーキを型から外してラックに置き、熱いうちにグレーズを塗ります。

e) レモングレーズの場合：すべてを混ぜ合わせ、完全に溶けるまで沸騰させます。火を止め、各ケーキに大さじ2杯を注ぎます。

f) ストロベリーとクリームの場合: ボウルにベリー、ミント、グレーズを入れて混ぜます。

g) 盛り付けの場合：ケーキを半分にスライスします。底をお皿に置き、ベリーを乗せ、その上に生クリームを乗せます。ケーキをトッピングし、ミントの小枝を飾ります。

20. 黄金のセモリナ粉パン

分量: 1 人分

材料：

- セモリナ粉 2⅓カップ
- イエローコーンミール 1/2 カップ
- 砂糖 大さじ 2
- 通常のインスタントイースト 小さじ 2
- 塩 小さじ 1 と 1/2
- 脱脂粉乳 1/4 カップ
- バターまたはマーガリン 大さじ 4
- ¾カップ ＋2 T の水
- 卵 1 個
- ゴマ; 地殻用

手順

a) 大きなミキシングボウル、または電動ミキサーのボウルに、ゴマを除くすべての材料を混ぜ合わせ、シャギーな生地を形成します。

b) 生地を手または機械で 10 分間こねます。

c) 10 分間休ませてから、滑らかでしなやかになるまでさらに 10 分間こねます。軽く油を塗ったボウルに生地を入れ、1 時間ほど休ませます。2 倍にはならないかもしれませんが、かなり膨らみます。(生地サイクルに設定したパン焼き機を使用して、この時点まで生地を準備することもできます。) 軽く油を塗った作業台に生地を移し、丸太の形に成形します。8-1/2 x 4-1/2 インチのパン型に油を塗り、ゴマをたっぷりと振りかけます。パンをフライパンに置き、溶き卵白をブラシで少し塗り、追加のゴマを振りかけます。軽く油を塗ったラップでパンを覆います。パンを 45 分から 1 時間、またはパン型の縁から約 1 インチ上に盛り上がるまで発酵させます。

d) 350°F に予熱したオーブンで約 40 分間、またはインスタント読み取り温度計で内部が 190°F になるまでパンを焼きます。

前菜

21. セモリナ・ドクラ

作る：2

材料：

● セモリナ粉　1 カップ

● ヨーグルト　3/4 カップ

● 水　3/4 カップ

● ライムジュース　大さじ 1

● 塩　小さじ 1

● すりおろした生姜　小さじ 1

● みじん切りにした青唐辛子　小さじ 1（お好みで）

● 油　大さじ 1

● フルーツ塩　小さじ 1

● 蒸し用の水　2 カップ

テンパリング用

● 油　大さじ 1

● マスタードシード　小さじ 1

● カレーリーフ　6 枚

● 青唐辛子の薄切り 2 本（お好みで）

● ごま　小さじ 1

● コリアンダー

手順：

ドクラバッターを準備する

a) 大きなミキシングボウルに、フルーツ塩を除くすべての材料（セモリナ粉、ヨーグルト、水、生姜、唐辛子、塩、ライムジュース、油）を混ぜ合わせます。

b) よくかき混ぜて混ざったら、15 分間放置します。

c) 生地を休ませている間に、圧力鍋のソテーモードで水 2 カップを沸騰させます。

d) 15 分後、生地にフルーツ塩を加えて一方向に軽く混ぜます。

e) 油を塗ったスチール製の容器に生地を素早く移し、五徳の上に置きます。

f) 鍋敷きと鍋をインスタントポットに差し込みます。15 分間通気モードでスチームモードに設定します。

g) 調理時間が終了したら、Dhokla を 5 分間放置します。

h) トングを使ってインスタントポットの蓋を開け、ドークラを取り出します。

i) ナイフを使用してドクラの端の周りを切ります。Dhokla コンテナの上に皿を置き、Dhokla コンテナを逆さまにします。

テンパリングの準備

a) インスタントポットでドークラを蒸している間に、鍋に油を強火で熱します。

b) その後、マスタードシードを入れてジュージューと音を立てます。この時点でカレーリーフと細切りの青唐辛子を加えます。

c) 片面約 30 秒ずつ焼きます。火を止めてゴマを加えます。

d) ドクラは小さく切る必要があります。ドークラをテンパリングで投げます。

e) グリーンミントのチャツネと刻んだコリアンダーを添えてお召し上がりください。

22. チェリーチョコレートマフィン

メイク数: 6-8

材料：

- 小さじ 1/2。重曹
- バター 1/2 カップ
- 粗く切ったダークチョコレート 1/2 カップ
- ブラウンシュガー 3/4 カップ
- 無糖ココアパウダー 1/4 カップ
- 牛乳 3/4 カップ
- セモリナ粉 1 1/4 カップ
- 卵 2 個
- 15 オンスのダークチェリーシロップ漬け
- ココア 大さじ 1
- 小さじ 1 を追加します。粉砂糖

手順

a) オーブンを 350°F に設定します。ライナー付きの 12 穴マフィントレイを準備します。バターと砂糖をクリーム状に混ぜ、卵を 1 個ずつ加えます。

b) 重曹、ココア、セモリナ粉を用意し、先ほどのバターミックスと一緒にふるいにかけます。

c) 先ほどのミルク、チョコレート、バターミックスと合わせて完成です。

d) ミルク、チョコレートと混ぜ合わせて 25 分ほどしたら完成です。カップケーキが完成したというサインは、きれいなつまようじテストを行うことによって行われます。

e) 焼き上がったら火から離し、アイシングができるまで冷まします。霜をつけて楽しんでください！

23. キャロットマフィン

生産数: 10-12

材料：

- セモリナ粉　1¾カップ
- 塩　小さじ 1
- シナモン　小さじ 1
- すりおろし生姜　小さじ 1
- すりおろしたナツメグ　小さじ 1/2
- 重曹　小さじ 1/4
- ベーキングパウダー　小さじ 1/8
- メープルシロップ　1 カップ
- 溶かした固形ココナッツオイル　1/2 カップ
- 牛乳　1/2 カップ
- 新鮮なレモン汁　大さじ 1
- バニラエッセンス　小さじ 1
- すりおろしたニンジン　2 カップ
- 砕いたパイナップル　1/2 カップ（水気を切っておく）
- レーズン、ココナッツ、ピーカンナッツ　各 1/2 カップ

手順

a) オーブンを 350°F に予熱します。12 カップのマフィン型 2 個にマフィンペーパーまたはグリースを敷き、セモリナ粉を入れます。

b) 大きなボウルにセモリナ粉、塩、シナモン、生姜、ナツメグ、重曹、ベーキングパウダーを入れて混ぜます。

c) 別のボウルにメープルシロップ、ココナッツオイル、牛乳、レモン汁、バニラを入れて混ぜます。

d) 湿った材料と乾いた材料の両方を混ぜ合わせ、ちょうど混ざり合うまでそっと折ります。

e) にんじん、パイナップル、レーズン、ココナッツ、ピーカンナッツを入れます。

f) 用意したマフィン型に 3 分の 2 まで詰めます。ケーキを約 25 分間焼きます。

g) 食べる前に少し冷ましてください。

24. ラムレーズカップケーキ

材料：

ラムレーズン

- ダークラム　1/4 カップ
- ゴールデンレーズン　1/2 カップ

カップケーキ

- セモリナ粉　1 カップ
- ベーキングパウダー　小さじ 1/4
- シナモン粉　小さじ 1/4
- オールスパイス　小さじ 1/8
- おろしたてのナツメグ　小さじ 1/8
- バター　1/2 カップ（少し柔らかくしたもの）
- 少し柔らかくした無塩バター　大さじ 2
- ライトブラウンシュガー　3/4 カップ
- 大きな卵　3 個
- 純粋なバニラエッセンス　大さじ 1
- ピュアラムエキス　小さじ 1/4

スイートクリームフロスティング

- 無塩バター　1/4 カップ
- 生クリーム　1/2 カップ
- ふるいにかけた粉砂糖　2 カップ
- 塩　小さじ 1/8

手順

a) ラムレーズンを準備します。小さな鍋にラム酒を入れ、弱火で温めます。

b) レーズンを加えて混ぜ、火から遠ざけます。

c) ミックスをボウルに入れ、ラップで覆い、室温で少なくとも 6 時間または一晩放置します。

d) カップケーキの準備: オーブンの温度を 180℃に上げます。

e) マフィン型に紙ライナーを入れます。中くらいのボウルにセモリナ粉、ベーキングパウダー、シナモン、オールスパイス、ナツメグを入れて混ぜ合わせます。

f) 脇に置いておきましょう。大きなボウルに電動ミキサーを入れ、バター、通常のバター、ブラウンシュガーを中速から高速で軽く雲状になるまで混ぜ合わせ、卵を少しずつ加え、加えるたびによく混ぜます。

g) バニラとラム酒エキスを加えて混ぜます。ミキサーの速度を低速に下げ、セモリナ粉混合物を加え、ちょうど混ざるまで混ぜます。

h) ラムレーズンと残りの液体を加えます。カップケーキの生地をすくって型に入れます。

i) 約 20〜25 分間、またはきつね色になり、カップケーキの中心につまようじを差し込んでもきれいになるまで焼きます。

j) 型に入れたまま 5 分間冷ましてから、ワイヤーラックに移して完全に冷まします。フロスティングなしのカップケーキは最長 3 ヶ月保存可能です。

k) スイートクリームフロスティングを準備します。

l) 中くらいのボウルにバターを入れ、電動ミキサーを使ってクリーム状になるまで中速で混ぜます。

m)　速度を中程度に下げ、クリームと粉砂糖 1 カップを加えます。よく混ざるまで泡立てます。残り 1 カップの砂糖と塩をゆっくりと加えます。

n) お好みの口金を付けた絞り袋にフロスティングを入れてカップケーキにフロスティングをするか、バターナイフや小さなオフセットスパチュラでフロスティングを行います。

o) フロストカップケーキは密閉容器に入れて冷蔵庫で最長 1 週間保存できます。

25.　ホットチョコレートカップケーキ

出来上がり: 2-4

材料：

- セモリナ粉 1/2 カップ
- 小さじ 1 杯。ベーキングパウダー
- 塩をひとつまみ
- ココア 1/3 カップ
- ホットレッドペッパーフレーク 1/2〜1t
- 油 大さじ 2
- 牛乳 小さじ 1/2 カップ
- 小さじ 1/2。バニラ
- 小さじ 1/4。リンゴ酢
- 砂糖 1/4 カップ

手順

a) オーブンを 365 度に予熱します。セモリナ粉、ベーキングパウダー、塩、砂糖を混ぜます。泡立てて！濡れた材料を加え、完全に滑らかになるまで泡立てます。

b) 4〜5 枚のカップケーキライナーを 2/3 まで詰めます。

c) 20 分間、または爪楊枝がきれいになるまで焼きます。

d) 霜をつける前に完全に冷却してください。

26.　バナナブルマフィン

メイク数: 8-10

材料

- セモリナ粉 1 1/2 カップ
- バター 1/3 カップ
- 潰したバナナ 3 本
- きび砂糖 3/4 カップ
- パック入りブラウンシュガー 1/3 カップ
- 小さじ 1 杯。重曹
- 小さじ 1 杯。ベーキングパウダー
- 小さじ 1/2。食卓塩
- 卵 1 個
- セモリナ粉 大さじ 2
- バター 大さじ 1
- 小さじ 1/8。シナモンパウダー

手順：

a) オーブンの熱を 350 f に上げます。10 カップのマフィントレイに軽くバターを塗ります。大きなミキシングボウルを取り出し、1.5 カップのセモリナ粉、重曹、ベーキングパウダー、塩を混ぜます。

b) 別のボウルに、潰したバナナ、卵、きび砂糖、溶かしたバター1/3 カップを入れて混ぜます。

c) この混合物を最初の混合物に加えて、ちょうど混ざり合うまでかき混ぜます。この生地を油を塗った、またはバターを塗ったマフィンカップに均等に広げます。

d) 別のボウルにブラウンシュガー、シナモン、セモリナ粉大さじ 2 を入れて混ぜます。バター大さじ 1 を加えます。

e) この混合物をトレイ内のマフィン生地の上に振りかけます。18〜20 分間焼きます。ワイヤーラックの上で冷ましてお召し上がりください。

27.　レモ エロ ナッツマフィン

メイク数: 8-10

材料：

- アーモンドセモリナ粉　1 1/4 カップ
- 千切り無糖ココナッツ　1 カップ
- ココナッツセモリナ粉　大さじ 2
- 小さじ 1/2。重曹
- 小さじ 1/2。ベーキングパウダー
- 小さじ 1/4。塩
- 蜂蜜（生）　1/4 カップ
- レモン 1 個分の果汁と皮
- 全脂肪ココナッツミルク　1/4 カップ
- 卵　3　個、泡立てた
- ココナッツオイル　大さじ 3
- 小さじ 1 杯。バニラ抽出物

手順：

a) オーブンの熱を 350 f に上げます。小さなボウルに、濡れた材料をすべて混ぜます。中くらいのボウルに、乾燥した材料をすべて入れて混ぜます。次に、濡れた材料を乾いた材料のボウルに注ぎ、かき混ぜて生地を作ります。

b) 生地を数分間放置してから、もう一度かき混ぜます。次に、マフィン型にグリースを塗り、それぞれを約 3 分の 2 まで満たします。オーブンに入れて 20 分ほど焼きます。

c) マフィンの中心につまようじを差し込んで焼き加減を確認し、きれいにできていれば準備完了です。オーブンから取り出し、1 分間冷ましてからお召し上がりください。

28. フレンチトーストカップケーキ

生産数: 12

材料：

トッピング

- セモリナ粉 1/4 カップ
- 砂糖 1/4 カップ
- 無塩バター 大さじ 2 と 1/2、1/2 インチの大きさに切る
- 挽いたシナモン 小さじ 1/2
- 刻んだピーカンナッツ 1/4 カップ

カップケーキ

- セモリナ粉 1 と 1/2 カップ
- 砂糖 1 カップ
- ベーキングパウダー 小さじ 1 と 1/2
- 粉末シナモン 小さじ 1
- オールスパイス 小さじ 1/2
- おろしたてのナツメグ 小さじ 1/4
- 塩 小さじ 1/2
- バター 1/2 カップ少し柔らかくした
- サワークリーム 1/2 カップ
- 大きな卵 2 個
- メープルエキス 小さじ 1/2
- ベーコン 4 枚

手順

a)　まず、トッピングを準備する必要があります。中くらいのボウルに砂糖、セモリナ粉、シナモン、クルミ、バターを入れて混ぜます。

b) 指を使って、小さなエンドウ豆より大きい部分がなくなるまでバターを混ぜます。使用する準備ができるまでカバーをして冷蔵庫で保管します。

c) カップケーキを準備します。ストーブを 350°F に予熱します。12 カップのビスケット缶に紙ライナーを敷きます。巨大なボウルにセモリナ粉、砂糖、下ごしらえパウダー、シナモン、オールスパイス、ナツメグ、塩を入れて混ぜ合わせます。安全な場所に置いてください。

d) 大きなボウルに電動ブレンダーを入れ、バター、クリーム、卵、メープルシロップを中速でよく混ぜ合わせます。

e) ブレンダーの速度を低速にして、セモリナ粉のブレンドを加えます。単純に固まるまで混ぜます。ビスケット型の各ウェルを 2/3 まで満たし、約 20〜25 分間、またはカップケーキの焦点につまようじを差し込んだ時点で真実がわかるまで焼きます。

f) カップケーキを加熱している間に、ベーコンを好みの焼き加減で焼きます。ペーパータオルに移して余分な油を落とし、冷まします。カップケーキは型に入れたまま約 15 分間冷やしておく必要があります。この時点で、ワイヤーラックに移動して完全に冷まします。

g) ベーコンを 12 等分に切り、各マフィンの上部にベーコンを 1 枚ずつ押し込みます。

h) マフィンを冷凍庫で保存する場合は、しっかりと密閉し、ベーコンを省けば最大 3 か月保存できます。オーブントースターで温め直せばさらに美味しくいただけます。

29.　アイリッシュクリームバー

材料：

- 1/2c。バター、柔らかくしたもの
- 3/4 c. プラス 1 T. セモリナ粉、分割
- 1/4c。粉砂糖
- ベーキングココア 2 T.
- 3/4 c. サワークリーム
- 1/2c。砂糖
- 1/3c。アイリッシュクリームリキュール
- 卵 1 個（溶きほぐす）
- 1 トン。バニラ抽出物
- 1/2c。ホイップクリーム
- オプション: チョコレートスプリンクル

手順

a)　ボウルにバター、小麦粉 3/4 カップ、粉砂糖、ココアを入れ、柔らかい生地ができるまで混ぜ合わせます。

b)　油を塗っていない 8 インチ×8 インチの天板に生地を押し込みます。350 度で 10 分間焼きます。

c)　その間に、別のボウルで残りの小麦粉、サワークリーム、砂糖、リキュール、卵、バニラを混ぜ合わせます。

d)　よく混ぜてください。焼いた層の上に注ぎます。オーブンに戻し、中身が固まるまでさらに 15 〜 20 分間焼きます。

e)　少し冷ましてください。バーにカットする前に少なくとも 2 時間冷蔵してください。小さなボウルに高速電動ミキサーを入れ、生クリームを角が立つまで泡立てます。

f)　必要に応じて、ホイップクリームやスプリンクルをトッピングしたバーをお召し上がりください。

30. バナナスワールバー

材料：

- 1/2c。バター、柔らかくしたもの
- 1c. 砂糖
- 卵 1 個
- 1 トン。バニラ抽出物
- 1-1/2 c. バナナ、潰したもの
- 1-1/2 c. セモリナ粉
- 1 トン。ベーキングパウダー
- 1 トン。重曹
- 1/2 トン。塩
- 1/4c。ベーキングココア

手順

a)　ボウルにバターと砂糖を入れて混ぜ合わせます。卵とバニラを加えます。よく混ぜてください。バナナを混ぜます。脇に置いておきましょう。別のボウルに小麦粉、ベーキングパウダー、重曹、塩を入れて混ぜます。バター混合物に混ぜます。生地を半分に分けます。半分にココアを加えます。

b)　油を塗った 13 インチ×9 インチのベーキングパンにプレーンバッターを注ぎます。スプーンでチョコレート生地を上に置きます。テーブルナイフでかき混ぜます。350 度で 25 分間焼きます。

c)　いいね; 棒状に切ります。2-1/2～3 ダースになります。

31. 磯風バーニャコタフィーズクエア

材料：

- ベーコン 8 枚切り
- ライトブラウンシュガー 1/4 カップ、しっかりと詰まっています
- 柔らかくしたバター 大さじ 8
- 柔らかくした無塩バター 大さじ 2
- ダークブラウンシュガー 1/3 カップ、しっかりと詰まっています
- 製菓用砂糖 1/3 カップ
- セモリナ粉 1 と 1/2 カップ
- 塩 小さじ 1/2
- タフィービット 1/2 カップ
- ダークチョコレートチップ 1 カップ
- 刻んだアーモンド 1/3 カップ

手順

a)　オーブンを 350°F (180°C) に加熱します。中くらいのボウルにベーコンとライトブラウンシュガーを入れて混ぜ、天板に一層に並べます。

b)　20〜25 分間、またはベーコンが黄金色になりカリカリになるまで焼きます。オーブンから取り出し、15〜20 分間冷まします。小さく切ります。

c)　オーブンの温度を 340°F (171°C) に下げます。9×13 インチ（23×33cm）の天板にアルミホイルを敷き、焦げ付き防止クッキングスプレーを吹きかけて脇に置きます。

d)　大きなボウルに、バター、無塩バター、ダークブラウンシュガー、製菓用砂糖を電動ミキサーで中速で軽くふわふわになるまで混ぜます。セモ

リナ粉と塩を少しずつ加え、ちょうど混ざるまで混ぜます。均等に分配されるまで、1/4 カップのタフィービットを加えてかき混ぜます。

e)　準備しておいた型に生地を押し込み、25 分間またはきつね色になるまで焼きます。オーブンから取り出し、ダークチョコレートチップを振りかけ、3 分間またはチップが柔らかくなるまで放置します。

f)　柔らかくしたチョコレートを上に均等に広げ、アーモンド、砂糖漬けのベーコン、残りの 1/4 カップのトフィービットを振りかけます。2 時間またはチョコレートが固まるまで冷まします。5cm の正方形に 16 個切ります。

g)　保存: 密閉容器に入れて冷蔵庫で最長 1 週間保存できます。

32.　ブルーベリーピエロギ

材料：

生地のために

● セモリナ粉　2 カップ（500g）

● 植物性の温かいミルク　1 カップ

● 塩　小さじ 1

ブルーベリーフィリング用

● ブルーベリー/ビルベリー　2 カップ

● セモリナ粉　大さじ 1

トッピング

● 加糖クリーム、12%　または　18%

● アイシング/粉砂糖をひとつまみ振りかける

手順：

生地のために

a)　　小麦粉をふるいにかけ、小麦粉ドームの中央に穴を開けます。少量の温かい植物ベースのミルクを混合物に注ぎ、かき混ぜます。柔らかく弾力のある生地が得られるように、必要に応じて植物ベースのミルクを加えて手早くこねます。

b)　　生地をいくつかの部分に分けます。小麦粉をまぶした台の上で、生地の最初の部分を伸ばします。

c)　　生地をめん棒で薄いシート状に伸ばします。生地をカットするには、ガラスまたはサークルカッターを使用します。

ブルーベリーフィリング用

a)　　新鮮なブルーベリーを冷たい流水で洗います。

b)　　ピエロギを作る直前に冷凍ベリーを冷凍庫から取り出します（冷凍フルーツを使うと団子が作りやすくなります）

c)　　ペーパータオルの上で水分を拭き取り、トレイに広げ、大さじ 1 杯の小麦粉をまぶします。

d)　　各生地の円の中心に、小さじ 1 杯のブルーベリーを置きます。生地を詰め物の上に折り、端を一緒に圧着します。生地とブルーベリーがなくなるまで続けます。

仕上げ

a)　　鍋に塩水を沸騰させます。熱を低いレベルに下げてそのまま保ちます。

b)　　餃子を加えて5〜6 分間、または餃子が浮くまで調理します。

c)　　その間に甘いクリームを用意しておきます。洗面器に生クリームを入れ、アイシング/粉砂糖を加え、全体を混ぜ合わせます。一口食べて、十分な甘さを確認してください。甘さが足りない場合は砂糖を加えて再度お試しください。

d)　　穴あきスプーンを使用して、ピエロギを鍋から取り出します。お皿に盛り付け、その上に甘いクリームをたっぷり添えます。

33. ブルーベリークラムバー

材料：

- 砂糖　1 と 1/2 カップ
- 無漂白セモリナ粉　3 カップ
- ベーキングパウダー　小さじ 1
- 塩　小さじ 1/4
- レモンの皮　1 個
- 1 つの大きい卵
- 8 オンスの冷たい無塩バターを 4 等分に切る
- コーンスターチ　小さじ 4
- ブルーベリー　1 パイント

手順：

a) オーブンを 375°F に予熱し、13 x 9 インチの型にバターを塗ります。

b) 大きなボウルに、砂糖 1 カップを小麦粉とベーキングパウダーと混ぜます。塩とレモンの皮を加えます。

c) 次に、卵とバターを加えて、もろい生地を形成します。スプーンで混ぜるのは非常に難しく（デブはフォークを勧めましたが、なぜ私が聞かなかったのかわかりません）、ボウルに溝を入れるスペースがあまりなかったので、さらに難しくなりました。バターを少し柔らかくすると扱いやすくなりますが、生地が少しベタつきます。

d) 生地の半分を型に均等な層に押し込みます。

e) 別のボウルに、残りの砂糖 1/2 カップ、コーンスターチ、レモン 1 個分の果汁を混ぜます。

f) ブルーベリーをコーンスターチミックスに混ぜます。(デブは投稿の中で、冷凍ブルーベリーも同様に効果があると述べました。)

g) コーンスターチで覆われたブルーベリーを鍋に均等な層に広げます。

h) 残りの生地をブルーベリーの上で崩します。

i) 表面が茶色になるまで 45 分間焼きます。クランブルを完全に冷ましてから切り分けます。

34. セモリナ粉ボンボン

出来上がり量：1 食分

材料：

- バター　1 カップ
- 製菓用砂糖　1/3 カップ
- コーンスターチ　3/4 カップ
- ふるいにかけたセモリナ粉　1 1/4 カップ
- 細かく刻んだピーカンナッツ　1/2 カップ

ボンボンフロスティング：

- バター　小さじ 1
- ゆず果汁　大さじ 2

手順：

a) 非常に軽くふわふわになるまでバターと砂糖を混ぜます。

b) コーンスターチと小麦粉を加え、よく混ぜます。扱いやすくなるまで冷蔵します。

c) オーブンを 350 度に予熱します。生地を 1 インチのボールに成形します。

d) ピーカンナッツの上にボールを置き、ワックスを塗った紙の上に散らします。

e) 小麦粉を浸したグラスの底で平らにします。

f) スパチュラを使って、油を塗っていないクッキーシートの上にナッツ側を上にしてクッキーを置きます。

g) 15 分間焼きます。いいね。

h) ボンボンフロスティングでフロスト。

ボンボンフロスティング：

a)　　バターとゆず果汁を滑らかになるまで混ぜます。

b)　　各クッキーの上にフロスティングを渦巻き状に塗ります。

35. セモリナリンザークッキー

作る量: クッキー 32 枚

材料

リンザークッキー

● セモリナ粉 300g 2 1/2 カップ

● 湯通しした超細かいアーモンド粉 100 g 1 カップ

● 塩 小さじ 1/2 4g

● 粉末シナモン 小さじ 1/2 1g

● バター 1 カップ 226g（室温）

● ふるいにかけた粉砂糖 120g 1 カップ

● 大きめの卵黄 2 個

● バニラエキストラクト小さじ 2、またはバニラエキストラクト小さじ 1 + バニラビーンズシード 1 個

● レモンの皮 小さじ 1

● オプションでトッピング用の粉砂糖

ゆずカード

● 大きな卵 3 個

● グラニュー糖 1/2 カップ 110g

● ゆず果汁 75g 大さじ 4 と 1/2

● レモン汁 15g 大さじ 1

● レモンの皮 7g 小さじ 2

● 海塩 小さじ 1/8

● 無塩バター 1/3 カップ 75 g、室温で角切りにする

手順

a) 乾燥した材料を混ぜ合わせます。中くらいのミキシングボウルに、セモリナ粉、アーモンド粉、塩、シナモンを均一になるまで泡立てます。

b) 湿った材料を混ぜ合わせます。スタンドミキサーの大きなミキシングボウルに室温のバターを入れ、ふわふわでクリーミーになるまで中速で約 1〜2 分間泡立てます。ボウルの側面をゴムベラでこすり落とし、砂糖を加えてふわふわになるまで混ぜる。次に、卵黄、バニラ、レモンの皮を加えて混ぜ合わせます。

c) 乾燥した材料を湿った材料に加えます。乾燥した材料をバター混合物に加え、弱火で 1 分間または混ざるまで泡立てます。ボウルの側面をこすり落とし、完全に混ざるまで混ぜ続けます。

d) 生地を冷やします。生地を 2 つに分け、厚さ 1 インチの円盤状に成形します。ラップでしっかり包み、冷蔵庫で 1 時間以上冷やし固めます。生地は最大 2 日間保存できます。

e) オーブンと天板を準備します。オーブンを 350°F に予熱します。

f) ベーキングシート 2 枚にクッキングシートまたはシルパットを敷きます。脇に置いておきましょう。

g) 生地を丸めてカットします。打ち粉をした台の上で、生地ディスクを 1/4 インチの厚さに伸ばします。好みの形にクッキーを切り抜き、準備しておいたベーキングシートの上に 1〜2 インチ程度の間隔をあけて置きます。半分は立体的な形に切り、半分は切り抜き「窓」を付けて切ることを忘れないでください。生地がすべて切れるまで繰り返します。生地が柔らかすぎる場合は、生地をさらに 15 分間冷やします。

h) 焼く。クッキーを一度に 1 枚ずつ約 10〜12 分間、または端の周りが軽く黄金色になるまで焼きます。サイズが異なると必要な調理時間

も異なるため、調理しすぎないように最後の数分に注意してください。

クッキーを 5 分間冷ましてから、冷却ラックに移して完全に冷まします。

i) ゆずカード：中火のボウルに卵、砂糖、ゆず果汁、レモンの皮、塩を入れて混ぜます。

j) ボウルを二重鍋に置きます。水を入れた鍋の上にボウルを置き、水がボウルに触れないように注意します。ダブルボイラーを中火で加熱し、クリーミーな質感と均一な調理を実現するために、継続的に穏やかに泡立てます。少なくとも 10〜15 分間、または粘度が上がり 160°F に達するまでかき混ぜ続ける必要があります。

k) バターを加えます。カードが固まってきたら火から下ろし、バターをゴムベラで加えて混ぜる。

l) カードを濾します。細かいメッシュのふるいを使用して、ふるいを通してカードを清潔なボウルに注ぎます。レモンカードをラップで覆い、膜ができないようにラップがカードに触れていることを確認します。

m) 冷めたクッキーの底に柚子カードを敷き、窓が切り取られたものを上に置き、冷めたクッキーに詰めます。粉砂糖をふりかけます。

36. セモリナショートブレッドクッキー

材料：

クッキー

- セモリナ粉　2 カップ
- 粉砂糖　1/2 カップ
- 無塩バター　8 オンス（室温）
- ゆず胡椒　小さじ 1

釉薬

- 粉砂糖　1 カップ
- 牛乳　大さじ 3
- ゆず　1 個（皮を取り、果汁を絞ったもの）

手順：

a) オーブンを 350F に予熱します。

b) 小麦粉、塩、粉砂糖を合わせてふるいにかけます。電気ミキサーを使用して、大きなボウルでバターを軽くふわふわになるまで混ぜます。小麦粉と砂糖を低速で一度に 3 分の 1 ずつ加え、その後バニラを加えます。

c) 生地をボール状に成形します。

d) ボールをプラスチックで包み、厚いディスクに押し込み、冷蔵庫で冷たくなるまで約 30 分間冷やします。生地が冷たいほど、ショートブレッドは美味しくなります。また、生地は美しく冷凍され、将来の使用のために保存されます。

e) 小麦粉をまぶした台の上で、生地を 1/4 インチの厚さに伸ばし、クッキーカッターを使って型抜きします。生地を丸めて再度丸め、残りをクッキー型で抜きます。生地が完成するまで繰り返します。

f) クッキーの周りがかろうじて黄金色になるまで、15〜20 分間焼きます。

g) オーブンから取り出し、クッキーを冷却ラックに移して完全に冷まします。

h) ボウルの中で釉薬の材料を泡立て器で混ぜ合わせます。グレーズを薄くしたり濃くしたりしたい場合は、ミルクまたは粉砂糖を加えてください。ショートブレッドの上部をグレーズにそっと浸し、ワックスペーパー上の冷却ラックに置きます。釉薬を少なくとも 30 分間硬化させます。楽しみ！

37. フィニキア（セモリナ粉蜂蜜クッキー）

出来上がり量：60 食分

材料：

- バター　125 グラム
- キャスターシュガー　1/2 カップ
- オレンジ　1 個（皮のみすりおろしたもの）
- コーン油またはピーナッツ油　1/2 カップ
- 薄力粉　2 と 1/2 カップ
- ベーキングパウダー　小さじ 4
- 水　1 カップ
- 砂糖　1 カップ
- 蜂蜜　1/2 カップ
- ファインセモリナ粉（ファリーナ）　1 と 1/2 カップ
- シナモンパウダー　小さじ 1
- クローブ　1 つまみ
- オレンジジュース　1/2 カップ
- 煎り胡麻　または
- 刻んだくるみ
- 桂皮　1 個
- レモン汁　小さじ 2

手順：

a) バター、砂糖、オレンジの皮を軽くふわふわになるまでクリーム状にします。

b) 油を徐々に加え、混合物がホイップクリームの粘稠度になるまで高速で泡立て続けます。小麦粉とベーキングパウダーを 2 回ふるいにかけ、セモリナ粉とスパイスを加えて混ぜます。

c) クリーム状の混合物にオレンジジュースと交互に徐々に加えます。混ぜ合わせたら手でこねて、しっかりとした生地を作ります。

d) 大さじ一杯の生地を楕円形に成形し、油を塗っていないベーキングシートの上に置き、端をつまんで魚雷の形を作ります。中程度のオーブンで、きつね色になりカリカリになるまで 25 分間焼きます。

e) ベーキングシートの上で冷まします。

f) 鍋に水と砂糖を入れて火にかけ、砂糖が溶けるまでかき混ぜます。

g) 蜂蜜、シナモン樹皮、レモン汁を加えて沸騰させます。中火で 10 分ほど煮て、シナモンを取り除きます。

h) シロップが沸騰している間に、クッキーを 3 枚ずつ浸し、シロップの中でひっくり返し、皿の上に置いたラックに移します。提供に必要な数を繰り返します。残りは後で浸すために密閉容器に保管してください。

i) 浸したクッキーにゴマまたは刻んだクルミを振りかけてお召し上がりください。

38. クミンシード入りセモリナ粉ドーサ

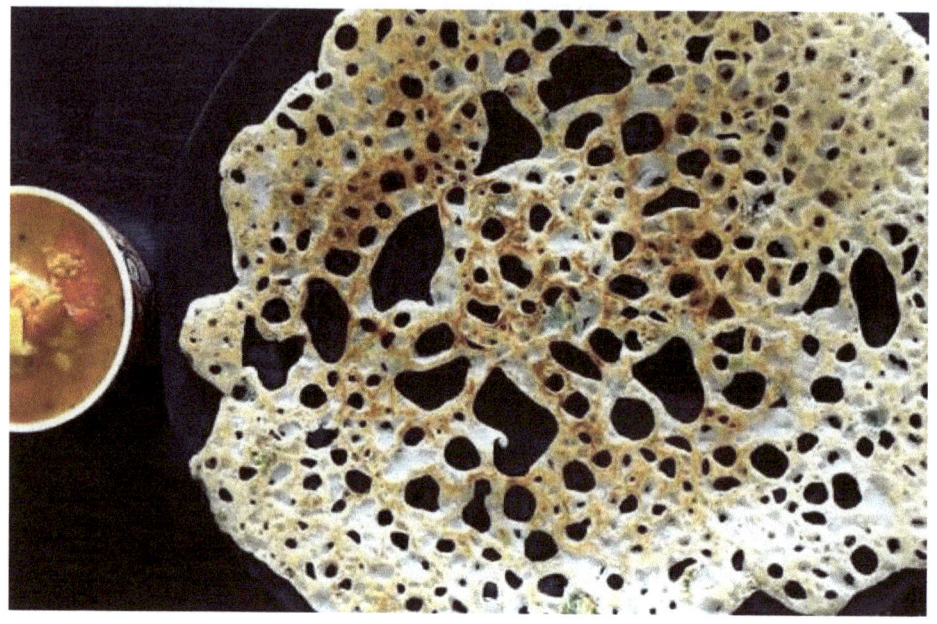

作る量：パンケーキ 8 枚

材料：

- 細粒セモリナ粉 1¾カップ
- 中力粉 大さじ 1
- 新鮮な青唐辛子 1 本
- プレーンヨーグルト 1 カップ
- 塩 小さじ 1
- 植物油 大さじ 7（約）
- ホールクミンシード 小さじ 1

手順：

a) ミキサーまたはフードプロセッサーで、セモリナ粉、白粉、唐辛子、ヨーグルト、塩、および水 1 カップを混ぜ合わせます。

b) 滑らかになるまでブレンドし、混合物をボウルに移します。

c) 小さな鍋に油大さじ 1 を入れて中火で熱します。クミンシードを熱い油に加え、数秒間かき混ぜます。油と種子を生地に注ぎます。かき混ぜて混ぜます。蓋をして 30 分間放置します。

d) 他のドーサレシピの指示に従ってパンケーキを準備します。

e) お好みでココナッツチャツネを添えてお召し上がりください。

39. 野菜たっぷりのセモリナ粉クラッカー

出来上がり量：12 人分

材料：

- にんじんの千切り 1/3 カップ
- 玉ねぎみじん切り 大さじ 2
- みじん切りにした乾燥キノコ 大さじ 2
- みじん切りにしたドライトマト 大さじ 1
- 乾燥バジル 小さじ 2
- 無漂白小麦粉 2/3 カップ
- セモリナ粉 2/3 kg
- おろしたてのパルメザンチーズ 大さじ 2
- ベーキングパウダー 小さじ 1
- 塩 小さじ 3/4
- 1/3 カップと水大さじ 1
- オリーブオイル 大さじ 2

手順：

a) オーブンを 250F に予熱します。天板にワックスペーパーを敷きます。

b) ニンジンを紙の上に広げます。玉ねぎを上に乗せます。野菜を乾燥させるために約 30 分間焼きます。ワイヤーラック上のベーキングシートの上で冷まします。オーブンの温度を 350F に下げます。大きなボウルに、乾燥したニンジンとタマネギをキノコ、トマト、バジルと混ぜ合わせます。

c) 無漂白小麦粉とセモリナ粉、チーズ、ベーキングパウダー、塩を加えます。フォークでよく混ぜます。中央に井戸を作ります。水と油を加えます。生地がまとまり始めるまで木のスプーンで混ぜます。

d) 手でこねてボール状にします。生地を手のひらで丸め、太いロープ状にします。ワックスペーパーに包み、15 分間冷やします。

e) 生地が冷めたら、12 等分に切ります。一度に 1 つずつ作業し（残りの生地は覆ったままにしておきます）、ボールの形に成形します。軽く粉をまぶしたワックスペーパー2 枚の間に生地のボールを置き、4〜5 インチの円形に伸ばします。ワックスペーパーを剥がし、大きなベーキングシートの上に円を置きます。残りの生地でも同じことを繰り返します。焼いているときにクラッカーが広がらないので、触れても大丈夫です。350F で 15 分間、または軽く黄金色になるまで焼きますが、茶色にはなりません。ワイヤーラックの上で冷まします。密閉容器に保管してください。

f) これらの大きくて薄い金色のウエハースには、野菜片が縞模様になっています。

メインコース

40. ノンオイルカリカリローストポテト

製造数: 6

材料：

● ジャガイモ 2 ポンド（皮をむき、乱切りにする）
● セモリナ粉 大さじ 3
● アクアファバ 1/2 カップ
● ひよこ豆の缶詰の液体
● 塩
● 調味料

手順

a) オーブンを 450F に加熱します。

b) ベーキングトレイにクッキングシートを敷きます。

c) ジャガイモをフォークを入れても形が残るまで約 6 分間沸騰させます。

d) ザルに入れて冷ましておきます。

e) ジャガイモが十分に冷めたら、ボウルにセモリナ粉、塩、調味料を入れて混ぜます。

f) ベーキングトレイに傾けます

g) 25 分間ローストした後、ひっくり返してさらに 20 分間ローストします。

41. 野菜入りセモリナ粉

材料

● セモリナ粉 1/2 カップ

● 水 1 カップ

● 油 大さじ 2

● マスタードシード 大さじ 1/4

● クミンシード 大さじ 1/4

● アサフェティダ 1 つまみ

● カレーリーフ 5〜6 枚

● すりおろし生姜 大さじ 1/2

● コリアンダーパウダー 大さじ 1/2

● クミンパウダー 大さじ 1/2

● 塩味をお好みで

● トマト 1〜2 個 - 調理することも、生のまま食べることもできます

● ジャガイモ、キャベツ、カリフラワー、ニンジン 1 カップ。

● 新鮮なココナッツ

● 新鮮なコリアンダーの葉

手順

a) セモリナ粉をフライパンで 10〜15 分、ピンク色になるまで乾煎りします。鍋から取り出します。

b) 油を熱し、マスタードシードを加えます。弾けたら、クミン、アサフェティダ、カレーリーフ、生姜、コリアンダーパウダー、クミンパウダーを加えます。野菜を加えて半分炒める。

c) ローストしたセモリナ粉、塩、水を加えます。沸騰したら蓋をして 10 分間煮ます。蓋を外して 2〜3 分揚げます。好みに応じて新鮮なココナッツとコリアンダーの葉を加えます。

パラダイスプディング

4 回分が作れます

- ビーガンマーガリン　大さじ 1
- ¹無塩ローストカシューナッツ　/4　カップ
- ¹ゴールデンレーズン　/4　カップ
- スジ（セモリナ粉または小麦クリーム）　1 カップ
- ¹砂糖　/2 カップ
- パイナップル、マンゴー、または白ブドウのジュース　11/2　カップ
- ¹パイナップルの塊　/4　カップ
- ¹グラウンドカルダモン　小さじ 1/4

手順：

a) 中くらいのフライパンにマーガリンを入れて弱火で加熱します。カシューナッツ、レーズン、すじを加え、香りが立つまで頻繁に混ぜながら約 5 分間トーストします。

b) 砂糖とパイナップルジュースを加えてかき混ぜ、絶えずかき混ぜながら調理を続けます。パイナップルの塊とカルダモンを加え、濃厚なプリンのようになるまでさらに数分間調理を続けます。

c) プリンを 4 つの小さなデザート皿に均等に分けてお召し上がりください。温めるか室温で、または冷たくなるまで冷蔵庫で約 2 時間お召し上がりください。

42.　インド風セモリナ粉ピザ

2 回分が作れます

- ● ビーガンプレーンヨーグルト 1 カップ
- ● セモリナ粉 1 カップ
- ● コーンスターチ 大さじ 1
- ● 1/3 カップと水大さじ 2
- ● にんじん 1 本（すりおろし）
- ● 種を取り、細かく刻んだ、ホットまたはマイルドな青唐辛子 1 本
- ● 1/4 カップと刻んだ新鮮なコリアンダー大さじ 1
- ● 細かく刻んだ無塩カシューナッツ 1/4 カップ
- ● コリアンダー 小さじ 1
- ● 塩 小さじ 1/2
- ● キャノーラ油またはグレープシード油 大さじ 2

手順：

a) 中くらいのボウルにヨーグルトを入れ、電子レンジで 30 秒ほど温めます。小麦粉を加えてよく混ぜ合わせます。

b) 小さなボウルにコーンスターチと水大さじ 2 を入れて混ぜます。よく混ぜて小麦粉混合物に混ぜ、残りの 1/3 カップの水を加えて厚い生地を作ります。

c) ニンジン、チリ、タマネギ、コリアンダー1/4 カップ、カシューナッツ、コリアンダー、塩を加えてよく混ぜます。室温で 20 分間放置します。オーブンを 250°F に予熱します。

d) 大きなフライパンに油を中火で熱します。生地の半分をフライパンに注ぎます。蓋をして、底が軽く茶色になり、生地に火が通るまで、約 5 分間調理します。火傷しないように注意してください。

e) ウッタパムをベーキングシートまたは耐熱皿の上に慎重にスライドさせ、残りの生地で 2 番目のウタパムを調理する間、温かく保ちます。

f) 各ウタッパムをディナー皿に裏返し、残りの大さじ 1 杯のコリアンダーを振りかけ、温かいうちにお召し上がりください。

43. ふわふわフルーツサラダ

生産数：12〜16

材料：

● クラッシュパイナップルの 20 オンス缶 2 個

● 砂糖 2/3 カップ

● セモリナ粉 大さじ 2

● 軽く溶いた卵 2 個

● オレンジジュース 1/4 カップ

● ゆず果汁 大さじ 3

● 植物油 大さじ 1

● フルーツカクテル 2 缶

● みかん 2 缶（水切り）

● バナナ 2 本（スライス）

● ホイップした生クリーム 1 カップ

手順：

a) パイナップルの水を切り、果汁 1 カップを小さな鍋に取っておきます。パイナップルを脇に置きます。鍋に砂糖、小麦粉、卵、オレンジジュース、ゆず果汁、油を入れて混ぜます。

b) 絶えずかき混ぜながら沸騰させます。1 分間沸騰させ、火から下ろし、冷まします。サラダボウルにパイナップル、フルーツカクテル、オレンジ、バナナを入れて混ぜます。

c) 生クリームと冷ましたソースを混ぜます。

d) 数時間冷やします。

44. クリーミー冷凍フルーツサラダ

出来上がり量：12 人分

材料：

- 砂糖 1/4 カップ
- 塩 小さじ 1/2
- セモリナ粉 大さじ 1 と 1/2
- 果物から水を切ったシロップ 3/4 カップ
- 卵 1 個（軽く溶きほぐす）
- 酢 大さじ 2
- 水を切り、角切りにした梨の缶詰 1 カップ
- 水気を切ったパイナップルの小ネタ 3/4 カップ
- マッシュした中熟バナナ 2 カップ
- 水を切ってみじん切りにしたマラスキーノチェリー 1/2 カップ
- 刻んだピーカンナッツ 1 カップ
- エバミルク 2/3 カップ
- 絞りたてのゆず果汁 大さじ 1

手順：

a)　　砂糖、塩、小麦粉を鍋に入れて混ぜます。フルーツシロップ、卵、酢を加えます。とろみがつくまで絶えずかき混ぜながら、中火で調理します。いいね。

b)　　冷却した混合物にフルーツとナッツを加えます。柔らかい氷の結晶が形成されるまで、エバミルクを冷凍庫で約 10 〜 15 分間冷やします。

c)　　硬くなるまで約 1 分間泡立てます。ゆず果汁を加え、さらに 1 分ほどしっかりと泡立てます。フルーツミックスに混ぜます。

d)　　軽く油を塗った 6-1/2 カップの型にスプーンで入れます。

45.　グロス・スッペ（セモリナ粉スープ）

出来上がり量：4 人分

材料：

- ミートブロス 1 リットル （約 1 クォート）
- セモリナ粉 1 カップ
- 卵 1 個
- パセリの小枝 数本、みじん切り、または少しのみじん切り
- チャイブ
- バター 50 グラム （大さじ 3 1/2）
- 塩味をお好みで
- コショウ 適量
- 味に挽いたナツメグ

手順：

a) セモリナ粉を沸騰したスープにゆっくりとかき混ぜ、1 時間煮ます。

b) 食べる直前に溶き卵を加えて混ぜ、塩、コショウ、ナツメグで味を調えます。刻んだパセリまたはチャイブを加え、バターを点在させます。

46.　チーズチキンとブロッコリーのライスキャセロール

材料

- 長粒米とワイルドライスのミックス 1 (6 オンス) パッケージ
- 無塩バター 大さじ 3
- ニンニク 3 片 （みじん切り）
- 玉ねぎ 1 個 （みじん切り）
- クレミニマッシュルーム 4 等分 2 カップ
- セロリ 1 本 （さいの目切り）
- 乾燥タイム 小さじ 1/2
- セモリナ粉 大さじ 1
- 辛口白ワイン 1/4 カップ
- チキンストック 1 1/4 カップ
- コーシャソルトと挽きたての黒コショウ （適量）
- ブロッコリーの小花 3 カップ
- サワークリーム 1/2 カップ
- 残りの細切りロティサリーチキン 2 カップ
- 細切り減脂肪チェダーチーズ 1 カップ （分割）
- 新鮮なパセリの葉のみじん切り 大さじ 2 （お好みで）

手順

a)　オーブンを華氏 375 度に予熱します。

b)　パッケージの指示に従ってライスミックスを調理します。脇に置きます。

c)　オーブン対応の大きなフライパンにバターを入れて中強火で溶かします。ニンニク、玉ねぎ、マッシュルーム、セロリを加え、時々かき混ぜながら、柔らかくなるまで 3〜4 分間煮ます。タイムを加えてかき混ぜ、香りが立つまで約 1 分間調理します。

d)　小麦粉を軽く茶色になるまで約 1 分間泡立てます。ワインとストックを少しずつ加えて混ぜます。絶えず泡立てながら、少しとろみがつくまで 2〜3 分間調理します。塩とコショウで味を調えます。

e)　ブロッコリー、サワークリーム、鶏肉、チーズ 1/2 カップ、米を加えて混ぜます。後で使用するためにキャセロールを冷凍する場合は、ここで停止してステップ 7 に進みます。そうでない場合は、残りの 1/2 カップのチーズを振りかけます。

f)　フライパンをオーブンに移し、キャセロールが泡立ち、加熱されるまで 20〜22 分間焼きます。お好みでパセリを飾り、すぐにお召し上がりください。

g)　氷結。

47. モロッコのクスクス

材料

● 丸鶏 1 羽（2kg）

● セモリナ粉 1kg

● にんじん 3 本

● カブ 3 個

● ズッキーニ 3 個

● かぼちゃ 250g

● 玉ねぎ 1kg

● 柔らかいひよこ豆 250g

● 乾燥ブドウ 150g

● 水 1 リットル半

● スパイス：塩小さじ 1、黒胡椒、生姜、サフラン

● 植物油 大さじ 4

● 有塩バター（古いもの） 小さじ 1

● 砂糖 ティースプーン 2 杯

手順：

a) 大きさの異なる鍋が 3 つ必要です。一番大きな鍋に水を入れます。水の入ったボウルに一晩入れておいたひよこ豆を入れます。油、スパイス、大きな玉ねぎ 1 個を洗って小さな正方形に切り、油を入れて鍋を強火に置きます。，沸騰したら火を弱めてひよこ豆を柔らかくし、水分量を維持します。次に、よく洗って皮をむき、長い半分に切った野菜を同じ鍋に入れ、強火で調理します。

b) 2 番目の鍋に玉ねぎ、小さめのスライス、鶏肉を 4 等分に切り、油塩、レモン汁大さじ 1、コショウ、生姜、サフラン、有塩バター小さじ半分

を入れます。最小限の極弱火にかけ、水なしで 1 時間調理します。弱火で鶏肉から肉汁を抽出します。

c) 3 番目の最も小さい鍋に、長めのスライスに切った残りの玉ねぎを入れ、同じスパイスと水を 1 カップ加えます。油小さじ 1 杯。玉ねぎが柔らかくなるまで弱火で煮ます。次に、砂糖、カネッラ小さじ半分を加え、玉ねぎが焦げないようにカラメル状になるまで弱火で柔らかくして乾燥させます。

d) 最後のステップ。蒸し器は、蒸気で調理できる穴の開いた鍋のようなものです。さっと洗ったセモリナ粉を水道水に入れて水を切り、蒸し器に入れて 5 分間煮ます。この作業を 2 回繰り返し、指の間でセモリナ粉を動かし、湿った砂のようになるまで動かします。

e) プレゼンテーション。大きな円形の皿に、最初にセモリナ粉を置き、野菜鍋のソースに小さじ 1 杯の有塩バターを加え、このソースを 1 杯セモリナ粉の上に注ぎます。大きなスプーンで優しく混ぜます。

f) 真ん中に穴を開け、そこにひよこ豆を置き、その上に鶏肉を置きます。次に、半分に切った野菜を縦に置き、その上に飴色になった玉ねぎを円錐形に置きます。

g) 野菜を煮たソースを小鉢に添えて温かいままお召し上がりいただけます。

パスタ

48. エビとペストのニョッケッティ

メイク数: 4-6

材料
● セモリナ生地

ピスタチオペスト
● ピスタチオ 1 カップ

● ミント 1 束

● ニンニク 1 片

● すりおろしたペコリーノ・ロマーノ 1/2 カップ

● オリーブオイル 1/2 カップ

● コーシャーソルト

● 挽きたての黒コショウ

● ソラマメ 8 オンス

● オリーブオイル

● にんにく 3 片 （みじん切り）

● 2 ポンドの大きなエビ、きれいに洗った

● 砕いた赤唐辛子, だけ, だけ

● コーシャーソルト

● 挽きたての黒コショウ

● 白ワイン 1/4 カップ

● レモン 1 個 （皮付き）

手順

a) 2枚のシートパンにセモリナ粉をまぶします。

b) ニョッケッティを作るには、生地を小さく切り取り、残りの生地をラップで覆います。手で生地を丸め、厚さ約1/2インチのロープ状にします。ロープから生地を1/2インチに切り取ります。親指で生地をニョッキ板の上にそっと押し込み、体から遠ざけるように転がして、わずかなへこみを作ります。セモリナ粉をまぶしたシートパンにニョッケッティを置き、調理の準備ができるまで蓋をしないでおきます。

c) ピスタチオペストを作るには、ピスタチオ、ミント、ニンニク、ペコリーノ・ロマーノ、オリーブオイル、塩、挽きたての黒コショウをフードプロセッサーで加え、ピューレ状になるまで加工します。

d) ボウルに氷水を用意します。そら豆をさやから取り出します。ソラマメを沸騰したお湯で柔らかくなるまで約1分間茹でます。水から取り出し、氷浴に置きます。十分に冷めたら水から取り出し、ボウルに移します。豆のワックス状の外層を取り除き、廃棄します。

e) 大きな鍋に塩水を入れて沸騰させます。その間に、強火にかけた大きなソテーパンに、オリーブオイル、ニンニク、エビ、砕いた赤唐辛子、塩、挽きたての黒胡椒を少々加えます。エビを茹でている間に、パスタを沸騰したお湯に入れ、アルデンテになるまで約3〜4分茹でます。白ワインを入れたソテーパンにパスタを加え、ワインが半分になるまで約1分間調理します。

f) パスタをボウルに分けてお召し上がりください。レモンの皮とピスタチオのペストを飾ります。

49. 赤ワインのフェットチーネとオリーブ

材料

- 小麦粉 2と1/2カップ
- セモリナ粉 1カップ
- 卵 2個
- カップ辛口赤ワイン
- 1 レシピ ルマッケ・アッラ・マルキジャーナ

手順：

a) パスタを準備するには: 小麦粉をくぼみにし、中央に卵とワインを入れます。

b) フォークを使用して卵とワインを混ぜ合わせ、ウェルの内側の縁から小麦粉を加え始めます。

c) 両手の手のひらを使って生地をこね始めます。

d) パスタマシンでパスタを最も細い設定に伸ばします。パスタを手または機械で 1/4 インチの太さの麺に切り、湿ったタオルの下に置いておきます。

e) 6 クォートの水を沸騰させ、大さじ 2 の塩を加えます。カタツムリを加熱して沸騰させ、脇に置きます。

f) パスタを水に入れて柔らかくなるまで茹でます。パスタの水を切り、カタツムリの入った鍋に入れ、よく混ぜてコーティングします。すぐに温かい皿に盛り付けてお召し上がりください。

50. ニョッキ ディ セモリナ

出来上がり量：4 人分

材料：
- 牛乳　3 1/2 カップ
- ファインセモリナ粉　¾カップ
- バター　1/2 カップ
- パルメザンチーズ　大さじ 6
- 卵黄　2 個
- 塩
- コショウ
- ナツメグ　ひとつまみ
- パン粉

手順：

a) 牛乳に塩ひとつまみを加えて加熱し、沸騰したらセモリナ粉を少しずつ加え、だまにならないように木スプーンでずっとかき混ぜます。

b) かき混ぜながら 20 分間調理を続けます。火から下ろし、バター大さじ 2 を少しずつ加えます。次に、パルメザンチーズ大さじ 2、卵黄、コショウひとつまみ、ナツメグを一度に 1 つずつ加えて徐々にかき混ぜます。1～2 枚の大きな皿、またはきれいな大理石のキッチンスラブに油を塗り、セモリナ混合物を注ぎます。冷水で湿らせたスパチュラを使用して 1/2 インチの厚さに広げ、冷まします。

c) オーブンを 350 度 F (175 ℃) に予熱します。残りの大さじ 6 バターを溶かします。調理したいキャセロールにバターを少量塗り、ニョッキを盛り付けます。セモリナ粉生地を正方形または円形に切り抜き、油を塗った皿に置きます。バターをかけてパルメザンチーズをふりかけ、ニョッキの二層目を加えます。

d) ニョッキにパン粉をまぶし、約 20 分、きつね色になるまで焼きます。

51. アンチョビ、ニンニク、ローズマリーのセモリナ粉ニョッキ

出来上がり量：4 人分

材料：

- ニンニク　大　1 片　--　皮をむき、細かく刻む
- 新鮮なローズマリー　大さじ 1 --　細かく刻む
- 新鮮なパセリ　大さじ 2 --　細かく刻む
- 1 クォートのスキムミルク
- 塩
- 細かいセモリナ粉または黄色のコーンミール　1 カップ
- 無塩バター　大さじ 2
- フラットアンチョビフィレ　4 枚、
- 水切り　--　細かく刻む
- 無塩バター　大さじ 6（柔らかくしたもの）
- 塩
- ブラックペッパー　--　挽きたて
- パルメザンチーズ　1/2 カップ、おろしたての大さじ　3
- ブラックペッパー　--　おろしたて

手順：

a) まずはアンチョビバターを作ります。ニンニク、ローズマリー、パセリ、アンチョビ、バターをフードプロセッサーに入れ、滑らかになるまで混ぜます。塩、コショウで味付けし、冷蔵庫で冷やします。

b) ニョッキを作る：3.5 クォートの重い鍋にスキムミルクと小さじ 1 杯の塩を入れて沸騰させます。セモリナまたはコーンミールを非常にゆっくりと振りかけ、常に泡立てます。火を非常に低くし、蓋をして頻繁にかき混ぜながら 15 分間煮ます。鍋を火から下ろし、バターとパルメザンチーズ 1/2 カップを加え、塩、コショウで味付けし、よく混ぜます。

c) 長方形のベーキングパンまたはクッキングシートを冷水ですすぎます。

d) ポレンタをスプーンですくって鍋に入れ、濡れたスパチュラで厚さ 1/2 インチの層に均等になじませます。1 時間冷やします。

e) オーブンを 350°F に予熱します。

f) 1 インチの丸いクッキー型を使って、ポレンタを円盤状に切ります。

g) バターを塗った重いグラタン皿に、少し重なるように置きます。アンチョビバターを散らし、残りのパルメザンチーズ大さじ 3 を振りかけ、30 分間焼きます。グラタン皿から直接、すぐにお召し上がりください。

52. セモリナ粉のリングイネ シンプルマリナラソース添え

出来上がり量：4 人分

材料：

- セモリナ粉パスタ 1 ポンド
- オリーブオイル 大さじ 2
- ニンニク 2 片。プレス機で押しつぶされる
- 角切りトマト 3 缶 (14.5 オンス)。ジュースと一緒に
- 塩 小さじ 1/2
- 挽きたてのコショウ 小さじ 1/2
- パセリのみじん切り 1/4 カップ
- フレッシュバジル 1/4 カップ
- すりおろしたパルメザンチーズ

手順：

a) 大きな鍋に油を入れて熱します。にんにくを加え、かき混ぜながら中火で 1 分間煮ます。トマトの果汁、塩、コショウを加えます。沸騰させ、火を中弱火に下げ、部分的に蓋をし、わずかに水分が減るまで約 25 分間煮ます。パスタを調理します。

b) ザルに入れて水気を切ります。パスタをソース、パセリ、バジルと和えます。

c) チーズをふりかけてお召し上がりください。

53. 自家製パスタ チェリートマトソース添え

材料

- 中力粉 1/2 カップ
- セモリナ粉 1/2 カップ
- 塩 1 つまみ
- 卵 1 個
- パネットチェリートマト 1 個
- 乾燥/生バジル 小さじ1
- ニンニク 4 片
- 油 大さじ1
- タイム 小さじ1/2
- ビーフストック 1/2 カップ
- 玉ねぎ中 1 個
- 挽きたての黒胡椒
- ビーフキューブ 1 個 （お好みで）

手順：

a) パスタの場合：平らな場所に小麦粉と塩を混ぜてくぼみを作り、真ん中に卵を置きます。フォークを使用して卵を泡立てます。小麦粉を混ぜ合わせてから、手で生地を作り始めます。生地が少し乾燥していると感じたら、大さじ 1 杯程度の水を加えても構いません。ラップに包み、30 分ほど放置します。生地を薄く伸ばします。セモリナ粉を使って折り、縦に切ります。

b) ソースの場合：鍋に油を入れて中火にかけ、みじん切りにした玉ねぎを加えて半透明になるまで炒め、潰したニンニクを加えて香りが出るまで炒めます。チェリートマトを加え、5〜10 分間冷まします。ハーブを加えてからビーフストックを加えます。牛肉の角切りを加えます。さらに 10 分間調理します

c) パスタを調理します。水を切ってソースに加えます。トングを使ってパスタとソースを混ぜ、ソースが全体に絡むようにします。

d) それからサーブします。楽しみ

デザート

54. アップルファンタジデザート

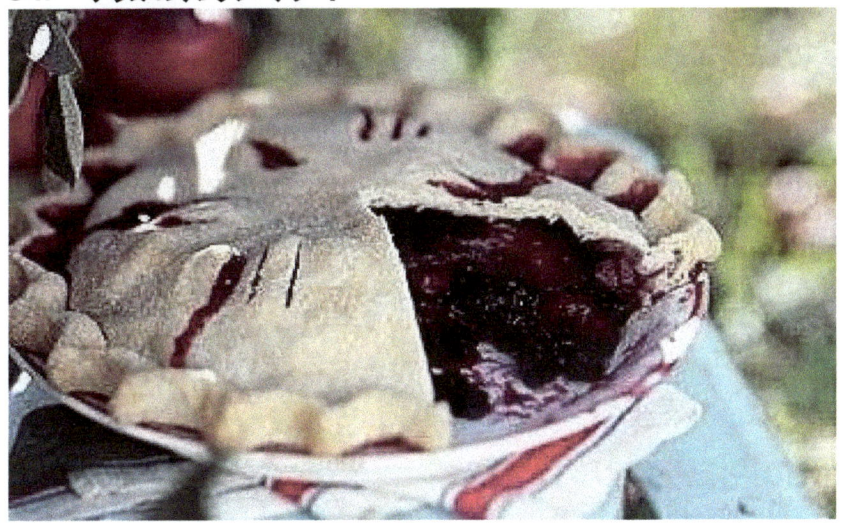

材料：

- 2/3c。セモリナ粉
- ベーキングパウダー　小さじ 3
- 塩　小さじ 1/2
- 卵　2 個
- 1c.　グラニュー糖
- 1/2c。黒砂糖
- バニラまたはラム酒またはバーボン　小さじ 3
- 3c.　さいの目に切ったリンゴ

手順：

a) 卵を溶き、砂糖とバニラを加えてよく混ぜます。乾燥した材料を加えて混ぜます。リンゴを加え、均一になるまでかき混ぜます。深めのグラタン皿またはスフレ皿に置きます。

b) 350℃で 45 分間焼きます。温かいうちにお召し上がりください。

55. サフラ（セモリナ粉とナツメヤシのケーキ）

出来上がり量：8 人分

材料：

- 油 大さじ 3
- 1.5 ポンド 種抜きデーツ。みじん切り
- シナモンパウダー 小さじ 1
- クローブ粉末 小さじ 1/8
- セモリナ粉 （小麦クリーム） 2 ポンド。(4 カップ)
- 砂糖 1 ポンド。（2 カップ）
- ベーキングパウダー 小さじ 2
- コーン油 1 カップ
- 水 3/4 カップ
- 湯通ししたアーモンドまたはクローブ丸ごと。飾り用
- 砂糖 1 カップ
- 水 1/2 カップ
- 蜂蜜 1 カップ
- レモン汁 1 個分。大さじ 2〜3

手順：

a) 油とデーツを重いフライパンに入れ、弱火で約 20 分間、または濃厚なペーストが形成されるまでかき混ぜながら調理します。

b) フライパンを火から下ろし、シナモンとクローブを加えて混ぜます。ペーストを冷まします。アーモンドまたはクローブ以外のケーキの材料を混ぜて厚い生地にします。生地の半分を 12 x 12 インチまたは 12 x 16 インチのケーキ型に入れます。デーツフィリングを入れ、生地を覆うように型の隅に押し込みます。残りの生地を流し入れ、表面を平らに整えます。ケーキの上部に深すぎない範囲で、2 インチのひし形または正方形の切り込みを入れます。各ひし形の中央に湯通ししたアーモンドを 1 個ずつ置くか、茎を下にして各部分にクローブ 1 個を丸ごと押し込みます。均等に焼けるようにケーキ型をオーブンの中央に置き、350°F のオーブンで 45 分間焼きます。

c) シロップの材料をすべて鍋に入れ、頻繁にかき混ぜながら弱火で 10 分間煮ます。ケーキをオーブンから取り出したら、熱いシロップを上から注ぎ、吸収させます。

d) 食べる前にケーキを室温に半日放置します。

56. アプリコットとピスタチオのスフレ

メイク数: 6 - 8

材料

- バター　大さじ 3
- セモリナ粉　大さじ 4
- 牛乳　1 と 1/2 カップ
- 卵黄　6 個
- 卵白　8 個
- 塩ひとつまみ
- タルタルクリーム　小さじ 1/8
- アプリコットとパイナップルのジャム　1/2 個
- アプリコットとパイナップルのジャム　1/2 個
- アーモンドエキス　小さじ 1/4
- 2　アーモンドエキス
- ホイップクリーム
- ドライアプリコット（浸したもの）
- 殻をむいたピスタチオナッツ
- アプリコットブランデー（お好みで）
- 製菓用の砂糖
- 粉砕したピスタチオナッツ

手順：

a) オーブンを 400-F に予熱します。

b) バターを溶かし、セモリナ粉を加えます。牛乳を少しずつ加えて泡立て器で混ぜ、濃厚で滑らかなソースを作ります。

c) 砂糖を加えます。火から下ろし、卵黄を一つずつ加えます。

d) アーモンドエキス、水を切って刻んだアプリコット、ピスタチオナッツ、オプションのブランデーを加えます。卵白に塩ひとつまみと酒石クリームを加え、硬くなるまで泡立てます。

e) アプリコット混合物を混ぜ、バターと砂糖を加えた 6 カップのスフレ皿にスプーンで入れます。スフレをオーブンに入れ、すぐに熱を 375°F に下げます。25 分間焼きます。

57. 落ちたレモンのスフレ

出来上がり量：1人分

材料
- 大きな卵 3 個。別れた
- 砂糖　大さじ 3
- プレーンセモリナ粉　大さじ 1 と 1/2
- 溶かしバター　小さじ 2
- フレッシュレモン汁　100ml
- レモンの皮　大さじ 1
- 牛乳　190ml
- 溶かしたバター　小さじ 2　追加
- 砂糖　大さじ 3; 追加
- 新鮮なミントの葉
- シャーベットまたはアイスクリームを購入

手順：

a) オーブンを 180℃に予熱します。スフレ皿 6 枚（容量約 200ml）にバターを加え、追加の砂糖をまぶして置いておきます。

b) 卵黄と砂糖を濃厚なクリーム状になるまで泡立て、セモリナ粉とバターを加え、砂糖が完全に溶けるまで泡立て続けます。レモン汁、レモンの皮、牛乳を加え、生地が滑らかになるまで泡立てます。

c) 別のボウルで卵白を「泡状」になるまで泡立て、砂糖を加えながら泡立て続けます。卵白が硬くてつやが出るまで高速で泡立てます。

d) 卵白をレモン生地に混ぜ込み、準備したスフレ皿に生地を均等に分けます。

e) スフレ皿を天板に置き、水のレベルがスフレ皿の側面の半分に達するまで冷水を注ぎます。

f) 180℃で焼きます。40 分間。

g) スフレが焼き終わったら、ウォーターバスから取り出し、冷蔵庫に少なくとも 30 分間、最長で 6 時間置きます。

h) 召し上がる際は、室温に戻してからスフレ皿の端にナイフを当て、スフレを裏返して皿に盛り付けます。粉砂糖をまぶし、ミントの葉を飾ります。お好みで濃厚なクリームやアイスクリームを添えてお召し上がりください。

58.　トスレチェケキ

作るもの：ミニケーキ 16 個

材料：

- セモリナ粉 1 カップ
- 小さじ 1 と 1/2。ベーキングパウダー
- 塩をひとつまみ
- 大きな卵 5 個（分離済み）
- 溶かして冷ましたバター 大さじ 4
- 1 カップとグラニュー糖大さじ 3
- 小さじ 4。バニラ抽出物
- 全乳 1/4 カップ
- 350ml 缶 エバミルク
- コンデンスミルク 400ml 缶
- 生クリーム 2 と 1/2 カップ
- 溶かして冷ました無塩バター 大さじ 1

手順

a)　オーブンを 340°F (171℃) に加熱します。バターとセモリナ粉 24 カップのマフィン型 1 つまたは 12 カップのマフィン型 2 つを用意し、空の空洞に水を満たし、脇に置きます。

b)　中くらいのボウルにセモリナ粉、ベーキングパウダー、塩を入れて混ぜます。脇に置いておきましょう。

c)　卵白と卵黄を別の中くらいのボウルに分けます。1 つのボウルに卵黄、バター大さじ 2 を入れて混ぜます。

d)　　3/4 カップの砂糖を電動ミキサーで中速で淡黄色になるまで混ぜます。小さじ 2 杯のバニラエッセンスと全乳を加え、溶けるまで低速で混ぜます。

e)　　もう一方のボウルで卵白を中高速で 2 分間、柔らかい角が立つまで泡立てます。

f)　　砂糖 1/4 カップを加え、白身が硬くなるまで中高速で泡立て続けます。

g)　　卵黄とセモリナ粉の混合物を混ぜ合わせます。卵白混合物を静かに混ぜ合わせ、スプーンで生地をマフィン型に入れます。

h)　　20 分間、または中心が固まるまで焼きます。取り出し、フォークで上部に穴を開け、冷まします。

i)　　中くらいのボウルに無糖ミルク、コンデンスミルク、生クリーム 1/2 カップ、残りのバター大さじ 2、無塩バターを入れて混ぜ、ケーキの上に注ぎます。

j)　　残りの生クリーム 2 カップ、残りの砂糖大さじ 3、残りのバニラエッセンス小さじ 2 を電動ミキサーで中速でふわふわになるまで混ぜます。冷めたケーキの上に広げます。

k)　　保存: 密閉容器に入れて冷蔵庫で最大 3 日間保存できます。

59.　スペインのチーズケーキ

出来上がり量:10 人分

材料

- クリームチーズ 1 ポンド
- 砂糖 1 と 1/2 カップ；粒状
- 卵 2 個
- シナモン小さじ 1/2。接地
- レモンの皮 小さじ 1；すりおろし
- 無漂白セモリナ粉 1/4 カップ
- 塩 小さじ 1/2
- 1×製菓用砂糖
- バター 大さじ 3

手順：

a) オーブンを華氏 400 度に予熱します。大きな混合洗面器でチーズ、バター大さじ 1、砂糖をクリーム状に混ぜ合わせます。叩きつけないでください。

b) 卵を一度に 1 つずつ加え、追加するたびによく混ぜます。

c) シナモン、レモンの皮、セモリナ粉、塩を混ぜます。残りの大さじ 2 杯のバターをフライパンに塗り、指で均等に広げます。

d) 用意しておいた型に生地を流し入れ、400 度で 12 分焼き、その後 350 度に下げてさらに 25〜30 分焼きます。ナイフには残留物が残らないようにしてください。

e) ケーキが室温まで冷めたら、砂糖をまぶします。

60. 邪悪なダークチョコレートタルト

出来上がり量：1 食分

材料：

- 無塩バター 250 グラム
- バニラシュガー 125 グラム
- 薄力粉 250 グラム
- セモリナ粉 125 グラム
- ダークビターチョコレート 180 グラム
- コニャック 大さじ 5
- 卵 4 個
- トウモロコシ粉 大さじ 3
- 上白糖 400 グラム
- 600 ミリリットル シングルクリーム
- バニラポッド 1 個
- 無塩バター 125 グラム

手順：

a)　オーブンをガスで 180℃に予熱します。 4. ショートケーキを準備します。バターとバニラシュガーをボウルに入れて軽くふわふわになるまでクリーム状にします。

b)　小麦粉とセモリナ粉を混ぜます。もろい生地が形成されるまで、バターを徐々に加えます。生地がまとまって表面が滑らかになるまで、注意深く丁寧にこねます。薄く伸ばして、底が緩い 4 インチのタルト型 6 枚に並べます。ベースを刺します。1 時間ほどよく冷やします。ホイルとベーキングビーンズを並べます。

c)　ペストリーケースをブラインドで予熱したオーブンで 20 分ほど、火が通るまで焼きます。豆とホイルを取り外し、必要に応じてオーブンで乾燥を続けます。チョコレートフィリングを準備します。チョコレートを正方形に砕きます。水の入った鍋または二重鍋の上のボウルに置きます。チョコレートにコニャックを加えます。

d)　チョコレートが溶けるまでゆっくり加熱します。ボウルに卵を入れて溶きます。トウモロコシ粉と砂糖を混ぜ、必要に応じて少量のクリームを加えます。

e)　残りのクリームをバニラのさやの入った鍋に入れ、ほぼ沸騰するまで加熱します。

f)　混ぜ合わせた卵混合物に熱いクリームを混ぜます。

g)　クリームパンを冷水で洗います。混合物を戻して支払い、溶かしたチョコレートを加えます。混合物が濃くなり、トウモロコシ粉が調理されるまで、絶えずかき混ぜながら穏やかに調理します。混合物を味見して、小麦粉っぽくないことを確認します。これには 6 ～ 8 分かかります。バニラのさやを取り除きます。

h)　充填物を少し冷やします。バターを柔らかくし、冷まします。柔らかくしたバターをチョコレートフィリングに混ぜます。冷やしたタルト生地に流し込み、固まるまで放置します。

i)　冷めたら溶かしたチョコレートでチョコレートリーフを作り、タルトのデコレーションに使います。

61. クリームチーズカウニー

生産数: 12

材料

- 18.25 オンスのチョコレートケーキミックス 1 箱
- 溶かしたバター 1/2 カップ
- 卵 2 個、分けます
- 製菓用砂糖 1/2 箱
- 8 オンスパッケージのクリームチーズ 1 個 （柔らかくしたもの）

手順

a) オーブンを 325°F に予熱します。グリースとセモリナ粉のケーキ型。脇に置いておきましょう。

b) ケーキミックス、バター、卵 1 個を混ぜ合わせます。よく混ぜます。混合物をベーキングパンに押し込みます。残りの卵と最後の 2 つの材料を混ぜ合わせ、ケーキ混合物の上に広げます。

c) 28 分間焼きます。ブラウニーの四角形に切る前に、鍋の中で完全に冷ましてください。

62. チョコレートヘーゼルナッツブラウニー

材料：

- 無糖ココアパウダー　1 カップ
- セモリナ粉　1 カップ
- 小さじ 1 杯。重曹
- 小さじ 1/4。塩
- 無塩バター　大さじ 2
- バター　大さじ 8
- しっかりと詰まったダークブラウンシュガー　1 と 1/2 カップ
- 大きな卵　4 個
- 小さじ 2。バニラ抽出物
- ミルクチョコレートチップ　1/2 カップ
- セミスイートチョコレートチップ　1/2 カップ
- トーストしたヘーゼルナッツ、刻んだ　1/2 カップ

手順

a)　オーブンを 340°F (171°C) に加熱します。9×13 インチ（23×33cm）の天板に焦げ付き防止クッキングスプレーを軽く塗り、脇に置きます。中くらいのボウルに、無糖のココアパウダー、セモリナ粉、重曹、塩を入れて混ぜます。脇に置いておきましょう。

b)　二重鍋で弱火にかけ、無塩バターとバターを一緒に溶かします。溶けたら火から下ろし、黒砂糖を加えて混ぜます。バターと砂糖の混合物をセモリナ粉混合物に注ぎ、かき混ぜます。

c)　大きなボウルに卵とバニラエッセンスを入れ、電動ミキサーで中速で 1 分間混ぜます。バターと小麦粉の混合物をゆっくりと加え、ちょうど混ざるまでさらに 1 分間混ぜます。ミルクチョコレートチップ、セミスイートチョコレートチップ、ヘーゼルナッツを加え、数秒間混ぜて素早く分散させます。

d)　混合物を準備しておいた型に移し、23〜25 分間、または表面が暗く乾燥したように見えるまで焼きます。鍋の中で完全に冷めてから 24 等分に切り、お皿に移します。

e)　保存方法：ラップにしっかりと包み、冷蔵庫で 4〜5 日間、冷凍庫で 4〜5 か月間保存できます。

63. 焼かないアーモンドファッジ

材料：

● オーツ麦、1 カップ、粉砕してセモリナ粉にする

● 蜂蜜、1/2 カップ

● クイックオーツ、1/2 カップ

● アーモンドバター、1/2 カップ

● バニラエッセンス、小さじ 1

● バニラプロテインパウダー、1/2 カップ

● チョコレートチップ、大さじ 3 クリスピーライスシリアル、1/2 カップ

手順

a) パン型にクッキングスプレーをスプレーし、脇に置いておきます。ライスシリアルとオーツ麦のセモリナ粉、クイックオーツを混ぜ合わせます。脇に置いておいてください。

b) アーモンドバターと蜂蜜を鍋で溶かし、バニラを加えます。

c) この混合物を乾燥した材料ボウルに移し、よく混ぜます。

d) 用意しておいた型に移し、スパチュラで平らにならします。

e) 30 分間または固まるまで冷蔵庫で冷やします。

f) その間にチョコレートを溶かします。

g) 混合物をパンから取り出し、その上に溶かしたチョコレートを注ぎます。チョコレートが固まるまで再度冷蔵庫で冷やし、好みの大きさのバーにスライスします。

64.　レッドベルベット　ファッジ　プロテイン　バー

材料：

- ローストビーツのピューレ、185 g
- バニラビーンズペースト、小さじ 1
- 無糖豆乳、1/2 カップ
- ナッツバター、128g
- ピンク色のヒマラヤ塩、小さじ 1/8
- エキス（バター）、小さじ 2
- 生ステビア、3/4 カップ
- オーツ麦セモリナ粉、80 g
- プロテインパウダー、210g

手順

a)　鍋でバターを溶かし、オーツ麦セモリナ粉、プロテインパウダー、ビーツピューレ、バニラ、エキス、塩、ステビアを加えます。混ざり合うまでかき混ぜます。

b)　次に豆乳を加え、よく溶けるまでかき混ぜます。

c)　混合物を鍋に移し、冷蔵庫で 25 分間冷やします。

d)　固まったら 6 等分に切り分けてお召し上がりください。

65. フロストモカブラウニー

材料

- 1c. 砂糖
- 1/2c。バター、柔らかくしたもの
- 1/3c。ベーキングココア
- 1 トン。インスタントコーヒーの顆粒
- 溶き卵 2 個
- 1 トン。バニラ抽出物
- 2/3c。セモリナ粉
- 1/2 トン。ベーキングパウダー
- 1/4 トン。塩
- 1/2c。刻んだクルミ

手順

a)　砂糖、バター、ココア、顆粒コーヒーを鍋に入れて混ぜます。バターが溶けるまで中火でかき混ぜます。暑さから削除; 5 分間冷まします。卵とバニラを加えます。ちょうど結合するまでかき混ぜます。

b)　セモリナ粉、ベーキングパウダー、塩を混ぜます。ナッツを折ります。油を塗った 9 インチ×9 インチの天板に生地を広げます。350 度で 25 分間、または固まるまで焼きます。

c)　ワイヤーラック上の鍋に入れて冷まします。冷やしたブラウニーの上にモカフロスティングを広げます。棒状にスライスします。1 ダースになります。

66. アップルブラウニー

材料

- 1/2c。バター、柔らかくしたもの
- 1c. 砂糖
- 1 トン。バニラ抽出物
- 卵 1 個（溶きほぐす）
- 1-1/2 c. セモリナ粉
- 1/2 トン。重曹

手順

a)　オーブンを 350 度 F (175 ℃ に予熱します。9×9 インチのグラタン皿にグリースを塗ります。

b)　大きなボウルに、溶かしたバター、砂糖、卵を入れてふわふわになるまで混ぜます。リンゴとクルミを混ぜます。別のボウルにセモリナ粉、塩、ベーキングパウダー、重曹、シナモンを合わせてふるいにかけます。

c)　セモリナ粉混合物を湿った混合物に加え、ちょうど混ざるまでかき混ぜます。準備しておいたグラタン皿に生地を均等に広げます。

d)　予熱したオーブンで 35 分間、または中央につまようじを差し込んできれいになるまで焼きます。

67. ピーナッツバターファッジバー

材料

ザ・クラスト

- セモリナ粉　1 カップ
- 溶かしたバター　1/4 カップ
- 小さじ 1/2。シナモン
- エリスリトール　大さじ 1
- ひとつまみの塩

ファッジ

- 生クリーム　1/4 カップ
- 溶かしたバター　1/4 カップ
- ピーナッツバター　1/2 カップ
- エリスリトール　1/4 カップ
- 小さじ 1/2。バニラ抽出物
- 小さじ 1/8。キサンタンガム
- トッピング
- リリーズチョコレート（みじん切り）1/3 カップ

手順

a)　オーブンを 400°F に予熱します。バター1/2 カップを溶かします。半分はクラスト用、半分はファッジ用になります。セモリナ粉と溶かしバターの半分を混ぜます。

b)　エリスリトールとシナモンを加えて混ぜます。無塩バターを使用している場合は、塩をひとつまみ加えると風味がさらに増します。

c) 全体が均一になるまで混ぜ、クッキングシートを敷いたグラタン皿の底に押し込みます。クラストを 10 分間、または端が黄金色になるまで焼きます。取り出して冷まします。

d) フィリングの場合は、ファッジのすべての材料を小さなブレンダーまたはフードプロセッサーに入れて混ぜます。電動ハンドミキサーやボウルも使えます。

e) 側面をこすり落として、すべての材料をよく混ぜ合わせてください。

f) クラストが冷めたら、ファッジ層をグラタン皿の側面までそっと広げます。スパチュラを使用して、できるだけ上部を平らにします。

g) 冷やす直前に、刻んだチョコレートをバーの上に乗せます。

h) 一晩冷蔵するか、すぐに使いたい場合は冷凍してください。

i) 冷めたら、クッキングシートを引っ張ってバーを取り外します。

j) 8〜10 本のバーに切ってお召し上がりください。これらのピーナッツバターファッジバーは冷やしてお楽しみください。

68.　お気に入りのズッキーニブラウニー

材料

- 1/4c。溶かしバター
- ピーナッツバター 1 カップ
- 卵 1 個（溶きほぐす）
- 1 トン。バニラ抽出物
- 1c. セモリナ粉
- 1 トン。ベーキングパウダー
- 1/2 トン。重曹
- 水 1T
- 1/2 トン。塩
- ベーキングココア 2-1/2 T.
- 1/2c。刻んだクルミ
- 3/4 c. ズッキーニ、みじん切り
- 1/2c。セミスイートチョコレートチップ

手順

a) 大きなボウルに、チョコレートチップ以外のすべての材料を入れて混ぜ合わせます。

b) 油を塗った 8 インチ×8 インチの天板に生地を広げます。生地にチョコレートチップを振りかけます。

c) 350 度で 35 分間焼きます。バーにカットする前に冷ましてください。1 ダースになります。

69. モルトチョコレートブラウニー

材料

- 12 オンス パッケージ。ミルクチョコレートチップ
- 1/2c。バター、柔らかくしたもの
- 3/4 c. 砂糖
- 1 トン。バニラ抽出物
- 卵 3 個（溶きほぐす）
- 1-3/4 c. セモリナ粉
- 1/2c。麦芽粉乳
- 1/2 トン。塩
- 1c. 麦芽ミルクボール、粗く刻む

手順

a) 鍋にチョコレートチップとバターを入れて弱火にかけ、頻繁にかき混ぜながら溶かします。暑さから削除; 少し冷ましてください。

b) 麦芽ミルクボール以外の残りの材料を指定された順序で混ぜます。

c) 油を塗った 13 インチ×9 インチの天板に生地を広げます。麦芽ミルクボールを振りかけます。350 度で 30〜35 分間焼きます。いいね。棒状に切ります。2 ダースになります。

70. 抹茶ファッジ

材料：

- ローストアーモンドバター 85g
- オーツ麦セモリナ粉、60 g
- 無糖バニラアーモンドミルク、1 カップ
- プロテインパウダー、168g
- ダークチョコレート、4 オンス 溶けた
- 抹茶粉末、小さじ 4
- ステビアエキス、小さじ 1
- レモン 10 滴

手順

a)　鍋にバターを溶かし、オーツ麦セモリナ粉、紅茶パウダー、プロテインパウダー、レモンドロップ、ステビアを加えます。よく混ぜます。

b)　次に牛乳を注ぎ、よく混ざるまで絶えずかき混ぜます。

c)　混合物をパン型に移し、固まるまで冷蔵庫で冷やします。

d)　溶かしたチョコレートを上から注ぎ、チョコレートが固まるまで再び冷蔵庫で冷やします。

e)　5 本に切り分けてお召し上がりください。

71.　ジンジャーブレッドブラウニー

材料

- 1-1/2 c. セモリナ粉
- 1c. 砂糖
- 1/2 トン。重曹
- 1/4c。ベーキングココア
- 1 トン。すり生姜
- 1 トン。シナモン
- 1/2 トン。クローブ
- 1/4c。バターを溶かし、少し冷ました
- 1/3c。糖蜜
- 溶き卵 2 個
- 飾り：粉砂糖

手順

a)　大きなボウルにセモリナ粉、砂糖、重曹、ココア、スパイスを入れて混ぜます。別のボウルにバター、糖蜜、卵を入れて混ぜます。バター混合物をセモリナ粉混合物に加え、ちょうど混ざるまでかき混ぜます。

b)　油を塗った 13 インチ×9 インチの天板に生地を広げます。350 度で 20 分間、またはつまようじを中心に差し込んできれいになるまで焼きます。

c)　ワイヤーラック上の鍋に入れて冷まします。粉砂糖をふりかけます。正方形に切ります。2 ダースになります。

72.　アニセットクッキー

メーカー数:36

材料：

- 砂糖　1 カップ
- バター　1 カップ
- セモリナ粉　3 カップ
- 牛乳　1/2 カップ
- 溶き卵　2 個
- ベーキングパウダー　大さじ 1
- アーモンドエキス　大さじ 1
- アニゼットリキュール　小さじ 2
- 製菓用砂糖　1 カップ

手順：

a) オーブンを華氏 375 度に予熱します。

b) 砂糖とバターを軽くふわふわになるまで混ぜ合わせます。

c) セモリナ粉、牛乳、卵、ベーキングパウダー、アーモンドエキスを徐々に加えます。

d) 粘りが出るまで生地をこねます。

e) 長さ 1 インチの生地から小さなボールを作ります。

f) オーブンを 350°F に予熱し、ベーキングシートに油を塗ります。ボールをベーキングシートの上に置きます。

g) オーブンを 350°F に予熱し、クッキーを 8 分間焼きます。

h) アニゼットリキュール、砂糖、大さじ 2 杯のお湯をミキシングボウルに入れて混ぜます。

i) 最後に、クッキーがまだ温かいうちにグレーズに浸します。

73. チョコチップクッキー

作る量:クッキー12 枚

材料：

- バター 1/2 カップ
- クリームチーズ 1/3 カップ
- 溶き卵 1 個
- バニラエッセンス 小さじ 1
- エリスリトール 1/3 カップ
- ココナッツセモリナ粉 1/2 カップ
- 無糖チョコレートチップ 1/3 カップ

手順：

a)　エアフライヤーを 350°F に予熱します。エアフライヤーのバスケットにクッキングシートを敷き、その中にクッキーを置きます

b)　ボウルにバターとクリームチーズを入れて混ぜます。エリスリトールとバニラエッセンスを加えてふわふわになるまで泡立てます。卵を加え、溶けるまで混ぜます。ココナッツセモリナ粉とチョコレートチップを混ぜます。生地を 10 分間休ませます。

c)　生地を大さじ 1 程度すくってクッキーの形を作ります。

d)　エアフライヤーのバスケットにクッキーを入れ、6 分間調理します。

74. 甘い緑のクッキー

材料：

- グリーンピース 165g。
- 刻んだメドロールデーツ 80 g。
- 絹ごし豆腐 60g を潰す。
- アーモンドセモリナ粉 100g。
- ベーキングパウダー小さじ 1。
- アーモンド 12 個。

手順：

a)　オーブンを 180℃/350°F に予熱します。

b)　エンドウ豆とナツメヤシをフードプロセッサーで混ぜます。

c)　濃厚なペーストが形成されるまで処理します。

d)　エンドウ豆の混合物をボウルに移します。豆腐、アーモンドセモリナ粉、ベーキングパウダーを加えて混ぜます。混合物を 12 個のボールに成形します。

e)　クッキングシートを敷いたベーキングシートの上にボールを並べます。油を塗った手のひらで各ボールを平らにします。

f)　各クッキーにアーモンドを 1 個ずつ入れます。クッキーを 25〜30 分間、または軽く黄金色になるまで焼きます。

g)　お召し上がりになる前にワイヤーラックの上で冷ましてください。

75. チョコレートチャンククッキー

材料：

- 万能グルテンフリーセモリナ粉　2 カップ。
- 重曹小さじ 1。
- 海塩　小さじ 1。
- ビーガンヨーグルト　1/4 カップ。
- ビーガンバター　大さじ 7。
- カシューナッツバター　大さじ 3
- ココナッツシュガー　1 1/4 カップ。
- チアエッグ　2 個。
- ダークチョコレートバー、部分を盗む。

手順：

a) オーブンを 375°F に予熱します

b) 中くらいの大きさのミキシングボウルに、グルテンフリーのセモリナ粉、塩、重曹を入れて混ぜます。バターを溶かしている間、置いておきます。

c) バター、ヨーグルト、カシューナッツバター、ココナッツシュガーをボウルに入れ、ミキシングスタンドまたはハンドミキサーを使用して、均一になるまで数分間混ぜます。

d) チアエッグを加えてよく混ぜます。

e) セモリナ粉をチアエッグミックスに加え、溶けるまで低速でブレンドします。

f) チョコレートチャンクを入れます。

g) 生地を冷蔵庫に入れて 30 分ほど置きます。

h) 生地を冷蔵庫から取り出し、10 分ほど室温に戻し、クッキーシートにクッキングシートを敷きます。

i) 手で大さじ 1 1/2 サイズのクッキー生地をクッキングシート上にすくい上げます。各クッキーの間に少しスペースを残してください。

j) クッキーを 9〜11 分間焼きます。喜んでください！

76. チーズ前菜クッキー

分量: 1 人前

材料
● 4 オンス（1 カップ）のシャープなチェダーチーズの細切り。
● 柔らかくしたマヨネーズまたはバター　1/2 カップ
● セモリナ粉　1 カップ
● 塩　小さじ 1/2
● 赤唐辛子　1 ダッシュ

手順：

a) 計量カップにセモリナ粉を軽くスプーンで入れます。横ばい状態になる。

b) 適度な量の皿に、チーズ、マーガリン、セモリナ粉、塩、赤唐辛子を混ぜます。よく混ぜて蓋をして 1 時間冷やします。

c) 生地を 1 インチのボールに成形します。

d) 油を塗っていない鉄板の上に 2 インチ間隔で置きます。フォークの歯で平らにするか、セモリナ粉に浸した肉軟化剤の表面を使用します。

e) お好みでパプリカを軽くふりかけます。

f) グリルで 10〜12 分焼きます

77. アーモンドシュガークッキー

作る量：クッキー32 枚

材料

- マーガリン　大さじ 5 （75g）
- フルクトース　大さじ 1 と 1/2
- 卵白　大さじ 1 （15ml）
- アーモンド、バニラ、またはレモンのエキス　小さじ 1/4 (1.25 ml)
- 無漂白セモリナ粉　1 カップ （125g）
- 重曹　小さじ 1/8 (0.6 ml)
- 歯石クリーム　1 つまみ
- アーモンドスライス　32 枚

手順：

a) オーブンを 350F (180C) に予熱します。中くらいの大きさのボウルにマーガリンとフルクトースを入れ、軽くふわふわになるまで混ぜます。卵白とアーモンドエキスを混ぜます。セモリナ粉、重曹、タルタルクリームを徐々に加えて混ぜます。よく混ぜます。1/2 インチ (1 1/2 cm) のボールに成形します。テフロン加工のクッキーシートの上に置きます。

b) 各クッキーの上にアーモンドスライスを乗せます。軽く茶色になるまで8〜10 分間焼きます。クッキングシートまたはワックスペーパーに移して冷まします。

78. バタークリームフロスティングシュガークッキー

材料: 5 ダースの材料

クッキー：

- バター 1 カップ
- 白砂糖 1 カップ
- 卵 2 個
- バニラエッセンス 小さじ 1/2
- セモリナ粉 31/4 カップ
- ベーキングパウダー 小さじ 1/2
- 重曹 小さじ 1/2
- 塩 小さじ 1/2

バタークリームのフロスティング：

- ショートニング 1/2 カップ
- 製菓用砂糖 1 ポンド
- 水 大さじ 5
- 塩 小さじ 1/4
- バニラエッセンス 小さじ 1/2
- バター風味のエキス 小さじ 1/4

手順：

a) 大きなボウルにバター、砂糖、卵、バニラを入れ、電動ミキサーで軽くふわふわになるまで混ぜます。セモリナ粉、ベーキングパウダー、重曹、塩を混ぜます。丈夫なスプーンを使用して、よく混ざるまでセモリナ粉混合物をバター混合物に徐々にかき混ぜます。生地を 2 時間冷やします。

b) オーブンを 400°F (200℃) に予熱します。軽くセモリナ粉をまぶした表面で、生地を 1/4 インチの厚さに伸ばします。クッキーカッターを使って好みの形に切ります。油を塗っていないクッキーシートの上にクッキーを 2 インチ間隔で置きます。

c) 予熱したオーブンで 4〜6 分焼きます。クッキーを型から取り出し、ワイヤーラックの上で冷まします。

d) 電動ミキサーを使用して、ショートニング、製菓用砂糖、水、塩、バニラエッセンス、バターフレーバーをふわふわになるまで混ぜます。フロストクッキーは完全に冷めてから作ります。

79. アーモンドブラウンシュガークッキー

分量: 1 人分

材料

- セモリナ粉 2 1/4 カップ
- 砂糖 1 カップ
- バター 1 カップ
- 卵 1 個
- 重曹 小さじ 1
- バニラ 小さじ 1
- 6 オンスのアーモンドブリックルビット

手順

a)　オーブンを 350F に予熱します。クッキングシートにグリースを塗ります。大きなミキサーボウルにセモリナ粉、砂糖、バター、卵、重曹、バニラを入れて混ぜます。ボウルを頻繁にこすりながら、よく混ざるまで 2〜3 分間中速で混ぜます。アーモンドブリックルビットを加えてかき混ぜます。

b)　大さじ 1 杯の丸い生地を 1 インチのボールに成形します。準備したクッキーシートの上に 2 インチ間隔で置きます。バターを塗ったグラスの底を砂糖に浸し、クッキーを 1/4 インチの厚さに平らにします。

c)　8〜11 分間、または端がほんのり茶色になるまで焼きます。すぐに取り外してください。

80. アーミッシュシュガークッキー

出来上がり量：24 人分

材料

- 砂糖 1/2 カップ;
- 粉砂糖 1/3 カップ;
- マーガリン 1/4 カップ; (1/2 スティック)
- 植物油 1/3 カップ
- 卵 1 個。（大きい）
- バニラ 小さじ 1
- レモンまたはアーモンドフレーバー 小さじ 1
- 水 大さじ 2
- セモリナ粉 2 1/4 カップ
- 重曹 小さじ 1/2
- 酒石クリーム 小さじ 1/2
- 塩 小さじ 1/2

手順

a)　砂糖、マーガリン、油をミキサーボウルに入れ、クリーム状になるまで中速で混ぜます。卵、バニラ、香料、水を加え、これらの材料を加える前後にボウルをこすり落としながら、中速で 30 秒間混ぜます。残りの材料をよく混ぜ合わせてよく混ぜます。クリーム状の混合物に加え、中速で混ぜてブレンドします。1 ボールあたり大さじ 1 の生地を使用して、生地を 24 個のボールに成形します。

b)　パンスプレーを吹きかけたクッキーシート、またはアルミホイルを敷いたクッキーシートの上にボールを置きます。水に浸した大さじの裏側でボールを 1/2 フィートまで均等に押し下げます。375℃で 12～14 分間、またはクッキーの底が茶色になり、端の周りが軽く茶色になるまで焼きます。クッキーをワイヤーラックに取り出し、室温まで冷却します。

81. 基本のラードシュガークッキー

出来上がり量：1人分

材料

- ラード 3/4 カップ
- パック入りブラウンシュガー ¾カップ
- 卵各 1 個
- バニラ 小さじ 1
- ベーキングパウダー 小さじ 1
- セモリナ粉 2 カップ

手順

a)　ラード、砂糖、卵をクリーミーになりよく混ざるまで混ぜ合わせます。

b)　バニラを加えてかき混ぜ、ベーキングパウダーとセモリナ粉を生地が形成されるまで加えます。

c)　生地を直径約 1 インチのボール状に成形し、クッキングシートの上に置きます。

d)　ボールを指で少し平らにして丸いクッキーを作ります。

e)　予熱した 350 度のオーブンで、端がきれいに茶色になるまで焼きます。取り出して冷まします。

82. シナモンシュガークッキー

出来上がり量: 48 回分

材料

- セモリナ粉 2 と 1/2 カップ
- バター 1/2 カップ
- ベーキングパウダー 小さじ 2 と 1/2
- 砂糖 3/4 カップ
- 塩 小さじ 1/4
- 卵 1 個。殴られた
- シナモン 小さじ 1/8
- バターミルク 1/2 カップ
- 砂糖混合物
- 砂糖 1/2 カップ
- シナモン 小さじ 1

手順

a)　セモリナ粉とベーキングパウダー、塩、シナモン小さじ 1/8 を混ぜます。別のボウルにショートニングと砂糖を軽くふわふわになるまでクリーム状に混ぜます。

b)　卵を加えてよく混ぜます。セモリナ粉の 1/3 を加えてかき混ぜ、牛乳と残りのセモリナ粉を加え、加えるたびに混ぜます。

c)　セモリナ粉はこれ以上加えないでください。冷やしてもベタつかず、柔らかい生地になります。生地が完全に冷えるまで冷蔵庫で数時間冷やします。

d)　生地を大さじ 1 杯取り、ゆっくりとボール状に成形します。生地ボールをシナモンと砂糖のミックスの中で転がし、平らにして油を塗ったクッキーシートの上に置き、375 度で約 12 分間焼きます。

e)　クッキーは軽く茶色になるはずです。

83.　ひび割れたシュガークッキー

出来上がり量: 48 回分

材料

- 砂糖　1 1/4 カップ
- 柔らかくしたバター　1 カップ
- 大きめの卵黄　3 個（溶きほぐす）
- バニラエッセンス　小さじ 1
- ふるいにかけたセモリナ粉　2 と 1/2 カップ
- 重曹　小さじ 1
- タルタルクリーム　小さじ 1/2

手順

a) オーブンを 350 度に予熱します。クッキーシート 2 枚に軽く油を塗ります。砂糖とバターを軽くなるまでクリーム状に混ぜます。卵黄とバニラを加えて混ぜます。

b) 計量してふるったセモリナ粉、重曹、タルタルクリームを合わせてふるいにかけ、バターシュガー混合物に混ぜます。

c) 生地をクルミサイズのボールに成形します。クッキーシートの上に 2 インチ間隔で置きます。平らにしないでください。表面が割れて色が変わるまで、約 11 分間焼きます。ワイヤーラックの上で冷まします。4 ダース作ります。

84.　ピチカシュガチクッキー

分量: 1 人分

材料

- 薄茶色の砂糖、水　1 1/4　カップ
- 蜂蜜　大さじ 3
- 卵 1 個
- セモリナ粉　2⅓カップ
- 粗挽きピーカンナッツ　1 カップ
- シナモン　大さじ 2 と 1/2
- 重曹　大さじ 1
- オールスパイス　大さじ 1

手順：

a) ミキシングボウルにブラウンシュガー、水、蜂蜜、卵を入れて混ぜます。ミキサーで 10 秒ほど混ぜます。

b) 別のボウルにセモリナ粉、ピーカンナッツ、シナモン、オールスパイス、重曹、ベーキングパウダーを入れてよく混ぜます。

c) 濡れた材料に加えてかき混ぜます。油を塗ったクッキングシートの上に小さじ一杯ずつ生地を落とします。375 度で 12 分間焼きます。

d) 約 3 ダースのクッキーが作れます。保管する前によく冷ましてください。

85. ブルーベリーバターミルクタルト

出来上がり量：1 食分

材料：
シェル
- セモリナ粉　1 と 1/2 カップ
- 砂糖　1/4 カップ
- 塩　小さじ 1/4
- 1/4 ポンドの冷たいバター。カットビット
- 1 つの大きい卵；で殴る
- 氷水　大さじ 2
- 生米；シェルの計量用

バターミルクフィリング
- バターミルク　1 カップ
- 卵黄　大　3 個
- 砂糖　1/2 カップ
- レモンの皮　大さじ 1；格子
- 新鮮なレモン汁　大さじ 1
- 無塩バター　1/2 スティック。溶ける、冷える
- バニラ　小さじ 1
- 塩　小さじ 1/2
- セモリナ粉　大さじ 2
- ブルーベリー　2 カップ；拾う
- 製菓用の砂糖

手順：

シェル

a) ボウルに小麦粉、砂糖、塩を入れて混ぜ合わせます。バターを加え、混合物が粗い食事のようになるまで混ぜます。卵黄混合物を加え、液体が組み込まれるまで混ぜ、生地を円盤状に成形します。生地に小麦粉をまぶし、ラップに包み 1 時間冷やします。打ち粉をした台の上で生地を 1/8 インチの厚さに伸ばし、取り外し可能な溝付きリムが付いた 10 インチのタルト型に入れます。

b) シェルを少なくとも 30 分間、またはカバーをして一晩冷やします。

c) オーブンを 350 度に予熱します。

d) 殻にホイルを敷き、ご飯を詰めます。殻をオーブンの中段で 25 分間焼きます。

e) ホイルと米を注意深く取り外し、殻をさらに 5 分間、または淡い黄金色になるまで焼きます。ラック上の鍋に入れてシェルを冷やします。

f) 充填

g) ブレンダーまたはプロセッサーで、フィリングの材料を滑らかになるまでブレンドします。ブルーベリーを殻の底に均等に広げます。

h) ブルーベリーの上にバターミルクフィリングを注ぎ、オーブンの中央で 30〜35 分間、またはちょうど固まるまで焼きます。

i) 型の縁を外し、ラック上の型に入れてタルトを完全に冷まします。タルトの上に製菓用の砂糖をふるいにかけ、室温で、または冷やしてブルーベリーアイスクリームと一緒にお召し上がりください。

86. ブルーベリーコーンミールケーキ

メイク数: 16 メイク数: 9 インチケーキ 2 個

材料：

ケーキ生地:

- セモリナ粉 3 カップ
- コーンミール 1 1/2 カップ
- ベーキングパウダー 大さじ 1
- 塩 小さじ 1
- 柔らかくした無塩バター 1 ポンド
- 白砂糖 3 カップ
- 卵 8 個（室温）
- サワークリーム 1 1/2 カップ
- バニラエッセンス 大さじ 1
- 無塩バター 1/2 カップ（分割）
- ブラウンシュガー 1 カップ（分割）
- 新鮮なブルーベリー 6 カップ（分割）

手順：

a) オーブンを 350 度 F (175 ℃) に予熱します。

b) セモリナ粉、コーンミール、ベーキングパウダー、塩をボウルに入れて混ぜます。

c) バターと砂糖を電動ミキサーで滑らかになるまでクリーム状に混ぜます。卵を一度に 1 つずつ加え、追加するたびにボウルをこすり落とします。サワークリームとバニラを加えます。滑らかになるまで混ぜ合わせます。小麦粉混合物を加え、溶けるまで混ぜます。脇に置いておきましょう。

d) バターを 2 つの 9 インチの鋳鉄パンに分けます。中弱火で約 1 分間溶かします。各パンにブラウンシュガーの半分を加えます。バターと砂糖が泡立ち始めるまで 2〜3 分間調理します。ブルーベリーを 2 つのフライパンに分け、コンロから取り出します。

e) コーンミール生地をフライパンに分けます。それぞれをシートパンの上に置きます。

f) 予熱したオーブンで、真ん中につまようじを差し込んできれいになるまで、45〜50 分間焼きます。

g) 約 15 分間、少し冷まします。各ケーキの外側の端にナイフを入れ、まな板の上に裏返してスライスします。

87.　ブルーベリーボーイベイト

材料：

- セモリナ粉　2 カップ
- 砂糖　1 カップ
- ベーキングパウダー　小さじ 2
- 塩　小さじ 1/4
- 植物油　2/3 カップ
- 牛乳　1 カップ
- 124.卵
- ブルーベリー　2 カップ（生または冷凍）
- 砂糖　大さじ 2
- シナモン　小さじ 1

手順：

a) オーブンを 350 度に予熱し、9×13 インチのベーキングパンにテフロン加工のクッキングスプレーをスプレーします。

b) パドルアタッチメントを取り付けた自立型ミキサーの混合ボウルで、小麦粉、砂糖、ベーキングパウダー、塩を混ぜ合わせます。

c) 油、牛乳、卵を加えます。3 分間混合します。

d) 用意しておいた型に生地を流し入れ、その上にブルーベリーを均等に散らします。

e) 小さなボウルに砂糖大さじ 3 とシナモンを入れて混ぜ、ブルーベリーの上に振りかけます。50 分間、または中央につまようじを差し込んできれいになるまで焼きます。

88. ミックスベリーコブラー シュガービスケット添え

出来上がり量: 10 回分

材料:

- 植物油、グリース用
- スライスした新鮮なイチゴ 2 カップ
- 新鮮なブラックベリー 2 カップ
- 新鮮なブルーベリー 2 カップ
- グラニュー糖 1 カップ
- 水 3/4 カップ
- 無塩バター 大さじ 2
- バニラエッセンス 大さじ 1
- コーンスターチ 大さじ 3

ビスケットトッピングの場合:

- セモリナ粉 2 カップ
- グラニュー糖 1/4 カップ
- ベーキングパウダー 大さじ 3
- コーシャーソルト 小さじ 1/2
- バターミルク 3/4 カップ
- 冷たい無塩バター（細切り） 大さじ 5
- バニラエッセンス 小さじ 2
- 溶かした無塩バター 大さじ 2
- 粗糖 大さじ 2

手順：

a) オーブンを華氏 375 度に予熱します。9×13 インチのグラタン皿に軽く油を塗ります。

b) 大きな鍋を中火にかけて、ベリーと砂糖、水、バター、バニラを混ぜます。泡が立ち始めたら、ポットから約 1/4 カップの液体をすくい出します。

c) 小さなボウルに 1/4 カップの熱い液体とコーンスターチを入れ、ダマがなくなるまで混ぜます。コーンスターチ混合物をベリーの入った鍋に戻し、かき混ぜます。全体がとろみがつくまで煮て、フルーツ混合物をグラタン皿に注ぎます。脇に置いておきましょう。

d) ビスケットのトッピングとして、大きなボウルに小麦粉、砂糖、ベーキングパウダー、塩を入れて混ぜます。よく混ざるまで泡立てます。バターミルク、細切りバター、バニラを加えます。材料を混ぜ合わせます。ビスケット混合物をすくい取り、ベリーフィリングの上に置きます。

e) 溶かしたバターをビスケットに刷毛で塗り、粗糖を振りかけます。蓋をせずにオーブンで 30〜35 分間焼きます。オーブンから取り出して冷まします。アイスクリームの有無にかかわらずお召し上がりいただけます。

89. ブラックベリークリームナッツタルト

出来上がり量：1 食分

材料：

- セモリナ粉 1/3 カップ
- 塩 小さじ 1/2
- 柔らかくしたクリームチーズ 8 オンスのパッケージ 1 個
- 加糖コンデンスミルク 1/4 カップ
- ふるった粉砂糖 大さじ 2
- 解凍して水を切った冷凍ブラックベリーの 16 オンスパッケージ 1 個
- グラニュー糖 1/2 カップ
- コーンスターチ 大さじ 3
- 細かく砕いたくるみ 1/2 カップ
- ふるいにかけた粉砂糖 1 と 1/2 カップ
- バター風味のショートニング 大さじ 2
- バニラ 小さじ 1/2
- バター風味のショートニング 1/2 カップ
- 氷水 大さじ 3
- 生ゆずジュース 大さじ 1
- ホワイトチョコレートチップ 1/4 カップ
- くるみ 1/4 カップ
- ボイセンベリーシロップ 大さじ 2
- バターまたはマーガリン 小さじ 1
- 新鮮なゆずジュース 小さじ 1/2
- 塩 小さじ 1/8
- バターフレーバー 小さじ 1/2
- ホイップクリーム 大さじ 4

手順：

a)　クラストを作るには：オーブンを 425 度に予熱します。ボウルに小麦粉と塩を入れて混ぜます。ペストリーブレンダーまたは 2 本のナイフを使用してショートニングをカットし、すべての小麦粉がブレンドされ、エンドウ豆大の塊が形成されます。

b)　一度に大さじ 1 杯の水を振りかけます。生地がボール状になるまでフォークで軽く混ぜます。両手で押して 5〜6 インチの「パンケーキ」を作ります。

c)　転がし面と麺棒に軽く小麦粉をまぶします。生地を丸く丸めます。取り外し可能なサイズの逆さまの 9 インチのタルトパンよりも 1 インチ大きくトリムします。生地を丁寧にほぐします。四つ折りにします。タルト型に小麦粉を軽く塗る。

d)　生地を広げてタルト型に押し込みます。リムの上部も含めてエッジをトリミングします。縮みを防ぐため、底面と側面をフォークで 50 回ほどしっかりと刺します。

e)　焼き色がつきすぎないように、端をホイルの二重層で覆います。

f)　10〜15 分間、または軽く茶色になるまで焼きます。室温まで冷却します。

g)　クリームチーズフィリングの作り方：ボウルにクリームチーズ、コンデンスミルク、粉砂糖、ゆず果汁を入れて混ぜます。電動ミキサーの低速でクリーミーになるまで混ぜます。ホワイトチョコレートチップとナッツをフードプロセッサーの作業ボウルに入れます。細かく刻まれるまで処理します。チーズ混合物に混ぜます。冷めて焼き上がったタルト生地の底に敷き詰めます。

h)　フルーツフィリングを作るには：ブラックベリー、砂糖、コーンスターチ、ボイセンベリーシロップを中型の鍋に入れて混ぜます。混合物がとろみが出て透明になるまで中火でかき混ぜます。暑さから削除。バター、ゆず果汁、塩を加えて混ぜます。ボウルに移します。室温まで冷却します。チーズフィリングをスプーンでかけます。

i)　トッピングの作り方：フルーツフィリングの上にナッツを格子状に振りかけます。

j)　飾り付け：粉砂糖、ショートニング、バニラ、バターフレーバー、およびクリーム大さじ 3 をボウルに入れて混ぜます。滑らかになるまで混ぜ、必要に応じてクリームを追加して、好みの粘稠度を実現します。目的のチップを取り付けたデコレーターバッグにスプーンで入れます。タルトの端に飾り枠を作ります。

k)　1〜2 時間冷蔵庫で冷やします。リムを取り外します。一人前に切ります。

l)　残り物は冷凍してください。

90. オリエンタルセモリナケーキ

作るもの：ケーキ 1 個

材料：

小麦セモリナ 2 ポンド

砂糖 2 と 1/2 カップ

ベーキングパウダー 小さじ 1

サワークリーム 2 カップ

マーガリン 2 オンス（柔らかくしたもの）

砂糖 4 カップ

水またはバター 3 カップ

水 3/4 カップ

タヒニ 大さじ 3

刻んだ松の実 1/2 カップ

新鮮なレモン汁 10 滴

手順：

a) オーブンを 170℃（325°F）に予熱します。

b) 大きなボウルにセモリナ粉、砂糖、ベーキングパウダー、サワークリーム、マーガリンを入れて混ぜます。水を徐々に加えます。滑らかになるまで混ぜます。

c) 大きなオーブンパンに油を塗ります。鍋にタヒニを広げます。

d) 生地を型に注ぎ、ピーナッツまたは松の実をふりかけ、45 分間、またはきつね色になるまで焼きます。いいね。

e) シロップを作る：砂糖、水、レモン汁を大きな底の重い鍋に入れて混ぜます。とろみがつくまで弱火で 20 分間煮ます。

f) ケーキを 5cm×5cm（2 インチ×2 インチ）の正方形に切り、熱いシロップをケーキの正方形の上に注ぎます。

g) すぐにまたは室温でお召し上がりください。

91. ナッツを詰めたセモリナ粉のペストリー、キプロス風

出来上がり量：30 食分

材料：
- スイートバター 1/4 ポンド
- ファインセモリナ粉 1 1/4 カップ
- オレンジフラワーウォーター
- 塩 小さじ 1/4
- 温水 大さじ 3（必要に応じて追加）
- 刻んだ無塩ピスタチオ 1 カップ
- グラニュー糖 大さじ 4 と 1/2
- シナモンパウダー 大さじ 1
- 製菓用の砂糖

手順：

a) 小さくて重い鍋にバターを入れて中火にかけて泡立て、細かいセモリナ粉を加えてかき混ぜます。小さなボウルに移し、蓋をして室温で一晩放置します。

b) 翌日、蓋を開け、小さじ 2 杯のオレンジフラワーウォーター、塩、そして温水を少しずつ加え、指でしっかりとした生地を作ります。

c) 5 分ほど捏ねたら、蓋をして 1 時間休ませます。その間に、ピスタチオ、砂糖、挽いたシナモンを小さなボウルに入れて混ぜます。

d) くるみより少し大きいくらいの生地を切り取ります。

e) 指を使ってボールを作ります。親指で中心を押して大きなくぼみを作り、ナッツミックス小さじ 1 を入れ、生地をかぶせて楕円形に成形します。クッキングシートの上に置き、すべてのペストリーの形が整うまで続けます。中程度のオーブン（350°F）で 30〜35 分間、または黄色が濃い栗色ではなく、明るい栗色になるまで焼きます。

f) ラックに移し、10 分間冷ましてから、オレンジフラワーウォーターにすばやく浸し、製菓用の砂糖をまぶします。保管する前に冷ましてください。

92.　セモリナカスタードのラムレーズンソース添え

出来上がり量：1 人分

材料：

- 湯通しした 2 カップ。スライスアーモンド
- 1 クォートの水
- アーモンドエキス　小さじ 1
- 寒天フレーク　1/2 カップ
- 1 カップ；プラス大さじ 2
- ；メープルシロップ
- バニラビーンズ　1 個。スプリット
- 塩　小さじ 1/2
- セモリナ粉　大さじ 7
- 水　1 と 1/2 カップ
- アプリコットジュース　2 1/4 カップ
- ラム酒　大さじ 2;（オプション）
- サルタナまたはトンプソンレーズン　2/3 カップ
- クズウコン　大さじ 1
- トースト　1/2 カップ　スライスアーモンド（飾り用）

手順：

a) ブレンダーでアーモンドと 1 クォートの水を混ぜます。滑らかになるまでブレンドします。

b) 2 層の湿らせたチーズクロスで濾し、絞って 1 クォートのアーモンドミルクを抽出します。3 クォートのソースパンに牛乳を注ぎます。寒天フレーク、アーモンドエキス、メープルシロップを加えます。バニラビーンズを割り、種をこそぎ落として牛乳に加えます。中火にかけ、アーモンドミルクを沸騰させ、その後火を弱め、2〜3 分間、または寒天フレークが溶けるまで絶えず泡立てます。

c) 2 番目の鍋でセモリナ粉と 1 と 1/2 カップの冷水を混ぜます。

d) 混合物が濃くなるまで強火で絶えず泡立てます。火を止めてアーモンドミルクを加えます。かき混ぜて混ぜ合わせます。カスタードを 2 クォートの鍋に注ぎ、固まるまで冷蔵庫で冷やします（約 30 分）。カスタードが固まっている間、ジュース、ラム酒、レーズンを鍋に入れて 10 分間煮ます。

e) 1/4 カップの冷たいジュースと葛からスラリーを作ります。これをソースに加えて混ぜ、ソースがとろみがつくまで 1〜2 分煮ます。カスタードをフードプロセッサーでクリーム状になるまでピューレ状にします。

f) お召し上がり方：ワイングラスにカスタード、トーストしたアーモンド、レーズンソースを重ね、温かいか冷やしてお召し上がりください。

93. セモリナ粉プリン

出来上がり量：6 人分

材料：
- 牛乳　4 1/2 カップ
- 砂糖　1 カップ
- 塩　1 つまみ
- バニラビーンズ　1 個。スプリット
- セモリナ粉　1 と 1/2 カップ
- 無塩バター　4 オンス
- ラズベリー　1 パイント
- 加糖ホイップクリーム　1 カップ
- ミントの小枝　6 本

手順：

a) オーブンを 400 度に予熱します。牛乳、砂糖、塩、バニラビーンズを入れて沸騰させます。泡立て器を使用してセモリナ粉とバターを混ぜます。1.5 クォートのグラタン皿に注ぎます。蓋をして 40 分間焼きます。ベリー、クリーム、ミントを飾ります。

94.　リンゴとキャラメルのセモリナ粉

出来上がり量：4 人分

材料：

- セモリナ粉 125 グラム
- 牛乳 3/4 リットル
- バター 80 グラム
- 砂糖 300 グラム
- リンゴ 2 個

手順：

a) リンゴの皮をむき、半分に切ります。尖ったナイフで芯と種を取り除きます。フライパンにバター40g を溶かし、りんごを弱火で 10 分ほど炒める。炊き上がったら皿に並べて脇に置きます。

b) 鍋の牛乳に砂糖 250g を加え、かき混ぜながら沸騰させます。セモリナ粉を徐々に加え、ダマができないように木のスプーンでかき混ぜます。バター30g を少しずつ加え、さらに 5 分ほど煮る。

c) まだかなり液体のセモリナ粉をリンゴの上に注ぎ、冷まします。

d) 小鍋に砂糖 50g と水大さじ 1 を入れて黒くなるまで煮てカラメルソースを作ります。冷たいセモリナ粉の上にキャラメルを注ぎ、フォークで渦巻き状に数回作り、お召し上がりください。

95. 甘いセモリナケーキ、レモンシロップ添え）

構成: 1 8x12 フラット

材料：

- 水 1と1/2カップ
- 砂糖 1カップ
- バター 大さじ 12; 無塩、溶かして冷やしたもの
- セモリナ粉（黄色） 3カップ
- 砂糖 3カップ
- 生のレモン汁 大さじ 2
- ローズウォーター 小さじ 1/4（ボトル入り）
- 冷水 ¾カップ
- 湯通ししたアーモンド 20個（丸ごと縦半分に切る）

手順：

a) まず、次の方法でシロップを準備します。小さな鍋に水 1«カップ、砂糖 1カップ、レモン汁を入れます。

b) 絶えずかき混ぜながら、砂糖が溶けるまで中火で煮ます。火を強火にし、蓋をせず、邪魔をしない状態で、5分間（シロップが沸騰した瞬間から計ります）、またはシロップがキャンディー温度計で 220度（F）の温度に達するまで、手早く調理します。鍋を火から下ろし、ローズウォーターを加えてかき混ぜ、シロップを脇に置いて冷まします。

c) その間にケーキを焼きます。オーブンを 350度に予熱します。ペストリーブラシを使って、8×12 インチの天板の底と側面に大さじ 1杯の溶かしバターを塗ります。

d) 深い混合ボウルにセモリナ粉と砂糖 3 カップを入れ、完全に混ざるまでかき混ぜます。絶えずかき混ぜながら、セモリナ粉全体が湿る程度の水を一度に大さじ数杯ずつ、3/4 カップまで注ぎます。混合物がかき混ぜにくくなった場合は、水の中で手で混ぜてください。次に、溶かしたバター大さじ 8 杯（«カップ）を一度に大さじ 1 杯ずつ加え、吸収されるまで大きなスプーンで混ぜます。

e) 生地を型に流し込み、金属ヘラやスプーンの背などを使って型の隅まで均等に広げます。

f) 次に、鋭利なナイフと定規を使って、約 2 インチ間隔で深さ 1 インチの平行線を描き、それを斜めに交差させてダイヤモンドの形を作り、表面にダイヤモンドの形に切り込みを入れます。各ダイヤモンドの中心にあるアーモンド半分をそっと押します。溶かしたバター大さじ 3 をケーキに刷毛で塗り、オーブンの中段で 1 時間、またはケーキが触って硬くなり、表面が微妙に茶色になるまで焼きます。

g) オーブンからケーキを取り出し、すぐにシロップを一度に大さじ 1、2 杯ずつ上に振りかけます。ケーキがすぐに吸収する量のシロップのみを使用してください。柔らかくてもねっとりしてはいけません。お召し上がりになる前に、ケーキを室温まで冷ましてください。

96. セモリナ粉とミルクのデザート

分量: 1 人分

材料：
- カシューナッツ 125 グラム
- カルダモン 3 個
- ギー 75 グラム
- 5g サルタナ 12 個
- セモリナ粉 250 グラム
- 牛乳 250ml
- 砂糖 125 グラム
- ローズウォーター 小さじ 3
- ローズエッセンス 小さじ 1/2

手順：

a) カシューナッツを粗く刻んで、カルダモンを砕きます。ギーを加熱し、カシューナッツを黄金色になるまで炒めます。水を切って取り除きます。サルタナを同じ油で揚げ、水を切り、取り出します。

b) セモリナ粉をフライパンに加え、きつね色になるまで中火で炒めます。別の鍋に牛乳を入れて温め、砂糖を加えて溶けたらセモリナ粉を注ぎます。

c) 液体が吸収されるまで調理し、よく混ぜ、カシューナッツ、カルダモン、サルタナ、ローズウォーター、ローズエッセンスを加えます。よくかき混ぜ。

97. ハルヴァ（セモリナ粉キャンディー）

作る量：キャンディー60 個

材料：

● オリーブオイル 1 カップ
● セモリナ粉 3 カップ
● 砂糖 2 カップ
● 牛乳 3 カップ; 1 カップの水と混ぜる

手順：

a) 10〜12 インチの重いフライパンで、油を中程度の熱で油の上に軽い曇りが生じるまで加熱します。

b) セモリナ粉をゆっくりと細い流れで注ぎ、常にかき混ぜます。

c) 火を弱め、時々かき混ぜながら、20 分間、またはすべての油が吸収され、食事が明るい黄金色になるまで煮ます。

d) 砂糖を加え、牛乳と水を少しずつ加えて混ぜます。

e) 混合物がスプーンの中でほぼしっかりとその形を保持するのに十分な濃さになるまで、絶えずかき混ぜながら、さらに約 10 分間調理を続けます。

f) 焦げの兆候に注意し、それに応じて火加減を調節してください。

g) 油を塗っていない 6 x 10 x 2 インチのグラタン皿にハルヴァを注ぎ、広げて金属のスパチュラまたはスプーンの背で上部を滑らかにします。

h) 固まるまで冷まします。食べる直前に、ハルヴァを 1 インチ四方に切ります。

98.　セモリナ粉のブディノ ベリーのコンポート添え

出来上がり量：1 人分

材料：

- 卵黄 4 個
- 砂糖 3/4 カップ
- バニラエッセンス 小さじ 1/2
- 溶かしバター 4 オンス
- 牛乳 3/4 カップ
- セモリナ粉 1/4 カップ
- 薄力粉 1/3 カップ
- 卵白 4 個
- 砂糖 大さじ 1
- ベリーのコンポート 1 カップ;
- ブラックベリー 1 パイント; ブルーベリー、イチゴ
- 水 大さじ 3
- 砂糖 大さじ 2

手順：

a) オーブンを 325 度に予熱します。

b) フードプロセッサーのボウルに卵黄と砂糖を加え、パドルアタッチメントを使ってリボン状になるまで混ぜます。この時点で、バニラ、バター、牛乳を加えます。

c) セモリナ粉と薄力粉を一緒にふるいにかけ、卵混合物に混ぜます。

d) 別のボウルに卵白と砂糖を入れ、中くらいの柔らかい角が立つまで混ぜ合わせます。

e) 白身を混ぜて生地にし、砂糖を加えたラミキンに注ぎます。アルミホイルで覆います。

f) 固まるまで湯煎で焼きます。ホイップクリームとベリーのコンポートを添えて少し温めてお召し上がりください。

ベリーコンポート:

g) 中くらいの鍋に中火にかけ、砂糖を加えた水でベリーを柔らかくなるまで煮ます。冷やしてブディーノの上にお召し上がりください。

99.　セモリナ粉サフランとピスタチオのヘルバ

出来上がり量: 6 人分

材料：

- サフラン糸　小さじ 1/2
- ホットミルク　大さじ 2
- 殻をむいた無塩ピスタチオ　1/3 カップ
- 無塩バター　大さじ 9
- 1 カップ　+　砂糖大さじ 2〜4
- 牛乳　2 カップ
- セモリナ粉　1 カップ

手順：

a) サフランをホットミルクに少なくとも 30 分間浸します。重いフライパンを熱し、バター大さじ 1 を加えてピスタチオを軽くトーストするがまだ緑色になるまで 2 分間トーストします。できるだけ多くの皮を取り除き、脇に置きます。

b) 牛乳に砂糖を弱火にかけて溶かし、混合物を熱いまま保ちます。厚手の鍋に残りのバターを溶かし、セモリナ粉を加え、かき混ぜながら弱火で約 8〜10 分間調理します。

c) サフランミルクを熱い砂糖入りミルクに入れてかき混ぜ、セモリナ粉に加え、激しくかき混ぜながら調理します。ヘルバを火から下ろし、蓋をし、暖かい場所に 15 分間放置します。

d) ピスタチオを混ぜ、ボウルに入れて温かいか室温でお召し上がりください。

100. ギリシャのセモリナプリン

出来上がり量：4 人分

材料

- 全乳 3 カップ
- グラニュー糖 1 カップ （240g）
- 細かいセモリナ粉 1/4 カップ （40g）
- コーンスターチ 大さじ 1
- 全卵 2 個
- 卵黄 1 個
- 塩 小さじ 1/4
- 純粋なバニラエキス 小さじ 2
- バター 大さじ 1
- オプション: オレンジの花の水またはローズウォーター 大さじ 1
- ガーニッシュ：
- 刻んだピスタチオ
- マラスキーノチェリー

手順

a) 鍋に牛乳、塩、砂糖の半量を加えます。中火にかけ、湯気が立つまで煮ます。

b) ミキシングボウルに卵、コーンスターチ、残りの砂糖を入れ、滑らかになるまで泡立てます。

c) 卵混合物を泡立てながら、蒸気で温めた牛乳をゆっくりと卵混合物に加えて、卵混合物を柔らかくします。

d) 混合物を鍋に戻し、中火に戻します。沸騰してスプーンの裏を覆うほど濃くなるまで、絶えず泡立てます。

e) 鍋を火から下ろし、バター、バニラ、オレンジの花の水を加えます。滑らかになるまで一緒に泡立てます。

f) プリンをサービングカップまたはボウルに分け、完全に冷まします。

g) 各プリンカップの中央に刻んだピスタチオとマラスキーノチェリーを飾ります。

結論

セモリナ粉ベースの料理の世界を巡るこの旅を楽しんでいただければ幸いです。あなたがベテランの料理人でも、キッチンの初心者でも、この料理本できっと気に入るものが見つかると思います。100 のおいしいレシピとたくさんのヒントとコツがあれば、どんな場面でもセモリナベースの料理を作ることができます。

セモリナ粉は、甘い料理にも風味豊かな料理にも使用できる多用途の食材で、あらゆる食料庫に加えるのに最適です。クリーミーなポレンタの心地よいボウルからエキゾチックなクスクスのサラダまで、セモリナ粉で作れるものには制限がありません。何か新しいことに挑戦して、料理の幅を広げてみてはいかがでしょうか？ セモリナ粉クックブックはあなたの期待を裏切らないことを保証します。

Group UK Ltd.

J10623
J0008B/25